# COCINA

*Betty Crocker*

Recetas Americanas Favoritas
en Español y Inglés

---

Favorite American Recipes
in Spanish and English

WILEY

Wiley Publishing, Inc.

Published by Wiley Publishing, Inc., Hoboken, New Jersey

No part of this publication may be reproduced, stored in a retrieval system or transmitted in any form or by any means, electronic, mechanical, photocopying, recording, scanning or otherwise, except as permitted under Sections 107 or 108 of the 1976 United States Copyright Act, without either the prior written permission of the Publisher, or authorization through payment of the appropriate per-copy fee to the Copyright Clearance Center, 222 Rosewood Drive, Danvers, MA 01923, (978) 750-8400, fax (978) 646-8600. Requests to the Publisher for permission should be addressed to the Permissions Department, John Wiley & Sons, Inc., 111 River Street, Hoboken, NY 07030, (201) 748-6011, fax (201) 748-6008, or online at http://www.wiley.com/go/permissions.

Trademarks: Wiley and the Wiley Publishing logo are trademarks or registered trademarks of John Wiley & Sons and/or its affiliates. The other trademarks referred to herein are trademarks of General Mills. Wiley Publishing, Inc., is not associated with any product or vendor mentioned in this book.

Limit of Liability/Disclaimer of Warranty: While the publisher and author have used their best efforts in preparing this book, they make no representations or warranties with respect to the accuracy or completeness of the contents of this book and specifically disclaim any implied warranties of merchantability or fitness for a particular purpose. No warranty may be created or extended by sales representatives or written sales materials. The advice and strategies contained herein may not be suitable for your situation. You should consult with a professional where appropriate. Neither the publisher nor author shall be liable for any loss of profit or any other commercial damages, including but not limited to special, incidental, consequential, or other damages.

For general information on our other products and services or to obtain technical support please contact our Customer Care Department within the U.S. at 800-762-2974, outside the U.S. at 317-572-3993 or fax 317-572-4002.

Wiley also publishes its books in a variety of electronic formats. Some content that appears in print may not be available in electronic books. For more information on Wiley products, visit our web site at www.wiley.com.

Library of Congress Cataloging-in-Publication Data is available upon request.

ISBN 13: 978-0-470-05653-0 (pbk.)
ISBN 10: 0-470-05653-3 (pbk.)

Manufactured in the United States of America.

10 9 8 7 6 5 4 3 2 1

First Edition

Cover photo: Herb Roasted Chicken and Vegetables (page 28)

## General Mills

DIRECTOR, BOOK AND ONLINE PUBLISHING: Kim Walter
MANAGER, COOKBOOK PUBLISHING: Lois Tlusty
EDITOR: Lois Tlusty
RECIPE DEVELOPMENT AND FOOD STYLING: Betty Crocker Kitchens
PHOTOGRAPHY: General Mills Photography Studios

## Wiley Publishing, Inc.

PUBLISHER: Natalie Chapman
EXECUTIVE EDITOR: Anne Ficklen
EDITOR: Kristi Hart
PRODUCTION EDITOR: Shannon Egan
COVER DESIGN: Paul DiNovo
INTERIOR DESIGN AND LAYOUT: Laura Ierardi
MANUFACTURING MANAGER: Kevin Watt

The Betty Crocker Kitchens seal guarantees success in your kitchen. Every recipe has been tested in America's Most Trusted Kitchens™ to meet our high standards of reliability, easy preparation and great taste.

FIND MORE GREAT IDEAS AND SHOP
FOR NAME-BRAND HOUSEWARES AT

*BettyCrocker*.com

Foto de la portada: Pollo Rostizado con Hierbas y Vegetales (página 28)

**General Mills**

DIRECTORA, LIBROS Y PUBLICACIÓN ELECTRÓNICA: Kim Walter
GERENTE, PUBLICACIÓN DE LIBROS: Lois Tlusty
EDITOR: Lois Tlusty
DESARROLLO DE RECETAS Y PRUEBAS: Betty Crocker Kitchens
PRESENTACIÓN DE ALIMENTOS: Betty Crocker Kitchens
FOTOGRAFÍA Y PRESENTACIÓN DE ALIMENTOS: General Mills
    Fotografía Studios

**Wiley Publishing, Inc.**

EDITORA: Natalie Chapman
REDACTORA: Anne Ficklen
REDACTORA: Kristi Hart
REDACTORA DE PRODUCCIÓN: Shannon Egan
DISEÑO DE LA PORTADA: Paul DiNovo
DISEÑO INTERIOR Y LAYOUT: Laura Ierardi
DIRECCIÓN DE ARTE Y FOTOGRAFÍA: Becky Landes
GERENTE DE FABRICACIÓN: Kevin Watt

El sello de Betty Crocker Kitchens garantiza
éxitos en su cocina. Cada receta ha sido
probada en las Cocinas Más Confiables de
América, a manera de cumplir con nuestros
estándares de confiabilidad, facilidad de
preparación y gran sabor.

PUEDE ENCONTRAR MÁS IDEAS Y ADQUIRIR ARTÍCULOS
PARA EL HOGAR DE MARCA VISITANDO

*BettyCrocker*.com

Hello Friends,

Welcome to a selection of recipes from the first-ever Betty Crocker cookbook with recipes in both Spanish and English. This bilingual format allows Spanish-speaking cooks to experience firsthand all the trusted recipes and knowledge the Betty Crocker Kitchens have stood for over the years. If English *and* Spanish are spoken in your home, this cookbook lets the family create memorable meals together.

*Cocina Betty Crocker* features a collection of 32 all-American family favorites, from Saucy Ribs and Shrimp Scampi to Glazed Carrots and Apple Pie. If you want to learn how to cook and have an interest in preparing traditional American food for your family, this cookbook is a wonderful resource. Simple, step-by-step directions and timely tips will guide you every step of the way. If you're already an experienced cook, this book provides a great overview of tried-and-true American favorites.

For more than 50 years, Americans have put their trust in Betty Crocker recipes. You'll find that this cookbook will also translate into a reliable source for you.

Warmly,

**Betty Crocker®**

Hola Amigos,

Bienvenidos a una selección de recetas del primer libro de cocina de Betty Crocker con recetas en español y en inglés. Este formato bilingüe le permite a los cocineros de habla hispana experimentar de primera mano todas las recetas de confianza y el conocimiento culinario que La Cocina de Betty Crocker ha representado a través de muchos años. Si en su hogar se habla inglés y español, este libro de recetas le permitirá crear comidas memorables en compañía de su familia.

*Cocina Betty Crocker* presenta una colección de 32 recetas predilectas por la familia americana que incluyen desde Costillas en Salsa y Camarones Scampi hasta Zanahorias Glaseadas y Pie de Manzana. Si desea aprender a cocinar y le interesa preparar platillos americanos tradicionales para su familia, este recetario es un maravilloso recurso. Las sencillas instrucciones paso a paso, los prácticos métodos y oportunos consejos, serán su guía en todo momento. Si usted ya tiene experiencia en la cocina, este libro le brindará una fabulosa visión general de los más tradicionales y predilectos platillos americanos.

Por más de 50 años, los estadounidenses han depositado su confianza en las recetas de Betty Crocker. Usted se dará cuenta que este libro de recetas también se convertirá en un recurso confiable para usted.

Afectuosamente,

*Betty Crocker*®

# Contents

# Contenido

◀ **Herb Roast Chicken and Vegetables (page 28)**   ▦   **Pollo Rostizado con Hierbas y Vegetales (página 29)**

# Spinach Dip
## "Dip" de Espinacas

*Water chestnuts are crunchy and white with a nutty flavor and often compared to jicama. They can be found canned, whole or sliced, in most supermarkets.*

- 1 box (9 ounces) frozen chopped spinach, thawed
- 1 cup mayonnaise or salad dressing
- 1 cup sour cream
- 1 package (1.4 ounces) vegetable soup and recipe mix
- 1 can (8 ounces) water chestnuts, drained and chopped
- 1 medium green onion, chopped (1 tablespoon)
- 1 round uncut loaf bread (about 1 pound), if desired

**1.** Squeeze spinach to drain; spread on paper towels and pat dry. Mix spinach, mayonnaise, sour cream, soup mix, water chestnuts and onion. Cover and refrigerate at least 4 hours to blend flavors and soften soup mix.

**2.** Cut 1- to 2-inch slice off top of bread loaf; hollow out loaf, leaving 1/2- to 1-inch shell of bread on side and bottom. Reserve scooped-out bread and top of loaf; cut or tear into pieces to use for dipping. Spoon spinach dip into hollowed-out loaf. Arrange bread pieces around loaf.

**3.** Or serve dip in bowl with raw vegetable sticks or assorted chips and crackers for dipping.

**1 Tablespoon:** Calories 40 (Calories from Fat 35); Fat 4g (Saturated 1g); Cholesterol 5mg; Sodium 80mg; Carbohydrate 1g (Dietary Fiber 0g); Protein 0g
**% Daily Value:** Vitamin A 4%; Vitamin C 2%; Calcium 0%; Iron 0%
**Exchanges:** 1 Fat **Carbohydrate Choices:** 0

# "Dip" de Espinacas
## Spinach Dip

*Las castañas de agua son crujientes y blancas con sabor a nuez y a menudo se comparan con la jícama. Se les puede encontrar en latas, enteras o en rebanadas, en la mayoría de los supermercados.*

- 1 caja (9 onzas) de espinaca picada congelada, descongelada
- 1 taza de mayonesa o aderezo para ensaladas
- 1 taza de crema agria
- 1 sobre (1.4 onzas) de sopa instantánea de vegetales
- 1 lata (8 onzas) de castañas de agua, escurridas y picadas
- 1 cebollita verde mediana, picada (1 cucharada)
- 1 bola de pan sin cortar (aproximadamente 1 libra), si desea

**1.** Presione las espinacas para que se escurran bien; extiéndalas sobre papel toalla y séquelas. Mezcle las espinacas, mayonesa, crema agria, la sopa en polvo, las castañas dulces y la cebolla. Cubra y refrigere por lo menos 4 horas para mezclar los sabores y suavizar la sopa en polvo.

**2.** Corte 1 ó 2 pulgadas de la parte superior del pan; retire y reserve el pedazo de pan que cortó. Saque el migajón hasta que la bola de pan quede hueca dejando de 1/2 a 1 pulgada de grosor en los lados y el fondo del pan. Corte el pan que reservó y el que sacó para comer con el "dip". Con una cuchara, rellene la bola de pan con el "dip" de espinacas. Coloque los pedazos de pan alrededor.

**3.** O sirva el "dip" en un tazón para acompañar con vegetales crudos o galletas saladas.

**1 Cucharada:** 40 Calorías (35 Calorías de Grasa); Grasas 4g (Saturada 1g); Colesterol 5mg; Sodio 80mg; Carbohidratos 1g (Fibra Dietética 0g); Proteína 0g
**% de Valores Diarios:** Vitamina A 4%; Vitamina C 2%; Calcio 0%; Hierro 0%
**Intercambios:** 1 Grasa **Opciones de Carbohidratos:** 0

# Strawberry Smoothie
## Batido de Fresa

# Batido de Fresa
## Strawberry Smoothie

**PREP:** 5 min ■ **4 SERVINGS**

*Make this a strawberry-banana smoothie by using only 1 cup of strawberries and 1 medium banana, cut into chunks.*

> 1 pint (2 cups) strawberries
> 1 cup milk
> 2 containers (6 ounces each) strawberry yogurt (1 1/3 cups)

**1.** Reserve 4 strawberries for garnish. Cut out the hull, or "cap," from remaining strawberries.

**2.** Place remaining strawberries, the milk and yogurt in blender. Cover and blend on high speed about 30 seconds or until smooth.

**3.** Pour mixture into 4 glasses. Garnish each with reserved strawberry.

**1 Serving (about 1 cup):** Calories 140 (Calories from Fat 20); Fat 2g (Saturated 1g); Cholesterol 10mg; Sodium 80mg; Carbohydrate 24g (Dietary Fiber 2g); Protein 6g **% Daily Value:** Vitamin A 4%; Vitamin C 70%; Calcium 20%; Iron 2% **Exchanges:** 1 Fruit, 1 Skim Milk **Carbohydrate Choices:** 1 1/2

---

**PREPARACIÓN:** 5 min ■ **RINDE 4 PORCIONES**

*Conviértalo en un batido de fresa con plátano/banana, usando sólo 1 taza de fresas y 1 plátano mediano, cortado en trocitos.*

> 1 pinta (2 tazas) de fresas
> 1 taza de leche
> 2 recipientes (6 onzas cada uno) de yogur de fresa (1 1/3 tazas)

**1.** Reserve 4 fresas para el decorado. A las fresas restantes córteles los tallos.

**2.** Coloque las fresas restantes con la leche y el yogur en una licuadora. Cubra y licúe a velocidad rápida por 30 segundos o hasta que la mezcla se suavice.

**3.** Sirva la mezcla en 4 vasos. Decore cada uno con las fresas que reservó.

**1 Porción (1 taza aproximadamente):** 140 Calorías (20 Calorías de Grasa); Grasas 2g (Saturada 1g); Colesterol 10mg; Sodio 80mg; Carbohidratos 24g (Fibra Dietética 2g); Proteína 6g **% de Valores Diarios:** Vitamina A 4%; Vitamina C 70%; Calcio 20%; Hierro 2% **Intercambios:** 1 Fruta, 1 Leche Descremada **Opciones de Carbohidratos:** 1 1/2

# Chicken Noodle Soup

Sopa de Pollo con Fideos

**PREP:** 1 hr 25 min **COOK:** 30 min ■ **6 SERVINGS**

*To save time, you can substitute 3 cans (14 1/2 ounces each) ready-to-serve chicken broth and 2 cups cut-up cooked chicken or turkey for the Chicken and Broth. Omit the chicken bouillon granules. See photo on page 12.*

Chicken and Broth (below)
2 medium carrots, sliced (1 cup)
2 medium stalks celery, sliced (1 cup)
1 small onion, chopped (1/4 cup)
1 tablespoon chicken bouillon granules
1 cup uncooked medium noodles (2 ounces)
Chopped fresh parsley, if desired

**1.** Make Chicken and Broth. Refrigerate cut-up cooked chicken until ready to add to broth mixture. Add enough water to broth to measure 5 cups.

**2.** Heat broth, carrots, celery, onion and bouillon granules to boiling in 4-quart Dutch oven; reduce heat. Cover and simmer about 15 minutes or until carrots are tender.

**3.** Stir in noodles and chicken. Heat to boiling; reduce heat. Simmer uncovered 7 to 10 minutes or until
noodles are tender. Sprinkle with parsley.

## Chicken and Broth

3- to 3 1/2-pound cut-up broiler-fryer chicken
4 1/2 cups cold water
1 teaspoon salt
1/2 teaspoon pepper
1 medium stalk celery with leaves, cut up
1 medium carrot, cut up
1 small onion, cut up
1 sprig parsley

Remove any excess fat from chicken. Place chicken, giblets (except liver) and neck in 4-quart Dutch oven or stockpot. Add remaining ingredients; heat to boiling. Skim foam from broth; reduce heat. Cover and simmer about 45 minutes or until juice of chicken is no longer pink when centers of thickest pieces are cut. Remove chicken from broth. Cool chicken about 10 minutes or just until cool enough to handle. Strain broth through cheesecloth-lined sieve; discard vegetables. Remove skin and bones from chicken. Cut chicken into 1/2-inch pieces. Skim fat from broth.

*Note: Use broth and chicken immediately or cover and refrigerate broth and chicken in separate containers up to 24 hours or freeze for up to 6 months.*

**1 Serving (about 1 cup):** Calories 110 (Calories from Fat 25); Fat 3g (Saturated 1g); Cholesterol 30mg; Sodium 1,000mg; Carbohydrate 9g (Dietary Fiber 1g); Protein 13g **% Daily Value:** Vitamin A 70%; Vitamin C 2%; Calcium 2%; Iron 6% **Exchanges:** 1/2 Starch, 1 1/2 Very Lean Meat **Carbohydrate Choices:** 1/2

# Sopa de Pollo con Fideos
## Chicken Noodle Soup

**PREPARACIÓN:** 1 hora 25 min **COCCIÓN:** 30 min ■ **RINDE 6 PORCIONES**

*Para ahorrar tiempo, puede sustituir 3 latas (14$^1$/$_2$ onzas cada una) de caldo de pollo listo para servir y 2 tazas de piezas de pollo o pavo cocido, por el pollo y el caldo. En cuyo caso, no use el consomé de pollo granulado. Vea la foto en la página 12.*

Pollo y Caldo (vea abajo)
2 zanahorias medianas, rebanadas (1 taza)
2 tallos medianos de apio, picados (1 taza)
1 cebolla pequeña, picada ($^1$/$_4$ taza)
1 cucharada de consomé de pollo granulado
1 taza de fideos medianos sin cocer (2 onzas)
Perejil fresco picado, si desea

**1.** Prepare el pollo y el caldo. Refrigere las piezas de pollo cocido hasta que se vayan a agregar al caldo. Añada suficiente agua al caldo hasta medir 5 tazas.

**2.** Caliente el caldo, las zanahorias, apio, cebolla y el consomé de pollo granulado hasta que hierva en una cacerola grande y profunda ("dutch oven") de 4 cuartos (1 galón); reduzca el fuego. Cubra y cocine a fuego bajo por 15 minutos o hasta que las zanahorias se ablanden.

**3.** Añada los fideos y el pollo. Caliente hasta que hierva; reduzca el fuego. Cocine sin tapar de 7 a 10 minutos o hasta que los fideos estén listos. Espolvoree con perejil.

## Pollo y Caldo

3 a 3$^1$/$_2$ libras de pollo cortado en pedazos
4$^1$/$_2$ tazas de agua fría
1 cucharadita de sal
$^1$/$_2$ cucharadita de pimienta
1 tallo mediano de apio con hojas, cortado
1 zanahoria mediana, cortada
1 cebolla pequeña, cortada
1 ramita de perejil

Remueva el exceso de grasa del pollo. Coloque el pollo, con las menudencias (excepto el hígado) y el pescuezo en una cacerola grande y profunda ("dutch oven") de 4 cuartos (1 galón) o en una olla profunda. Agregue los demás ingredientes hasta que hiervan. Remueva la espuma del caldo; reduzca el fuego. Cubra y cocine a fuego bajo por unos 45 minutos o hasta que el jugo del pollo ya no esté rosado cuando se corta el centro de las piezas más gruesas. Saque el pollo del caldo. Deje enfriar el pollo durante 10 minutos o hasta que ya se pueda tocar. Cuele bien el caldo; deseche los vegetales. Quítele el pellejo y los huesos al pollo. Corte el pollo en pedazos de $^1$/$_2$ pulgada. Quítele la grasa al caldo.

*Nota: Use el caldo y el pollo inmediatamente, o cubra y refrigere el caldo y el pollo en recipientes separados hasta por 24 horas o congélelos hasta por 6 meses.*

**1 Porción (1 taza aproximadamente):** 110 Calorías (25 Calorías de grasa); Grasas 3g (Saturada 1g); Colesterol 30mg; Sodio 1,000mg; Carbohidratos 9g (Fibra Dietética 1g); Proteína 13g **% de Valores Diarios:** Vitamina A 70%; Vitamina C 2%; Calcio 2%; Hierro 6% **Intercambios:** $^1$/$_2$ Almidón, 1$^1$/$_2$ Carne Sumamente Magra **Opciones de Carbohidratos:** $^1$/$_2$

**Chicken Noodle Soup (page 10)**　**Sopa de Pollo con Fideos (página 11)** ▼

▼ French Onion Soup (page 14)    ▦    Sopa de Cebolla a la Francesa (página 15)

# French Onion Soup
## Sopa de Cebolla a la Francesa

**PREP:** 20 min **COOK:** 1 hr 5 min **BROIL:** 2 min ■ **4 SERVINGS**

*The long, slow cooking of the onions gives this soup its rich flavor and color. See photo on page 13.*

2 tablespoons butter or margarine
4 medium onions, sliced
2 cans (10.5 ounces each) condensed beef broth
$1^1/_2$ cups water
$^1/_8$ teaspoon pepper
$^1/_8$ teaspoon dried thyme leaves
1 bay leaf
4 slices French bread, $^3/_4$ to 1 inch thick, toasted
1 cup shredded Swiss or mozzarella cheese (4 ounces)
$^1/_4$ cup grated Parmesan cheese

1. Melt butter in 4-quart nonstick Dutch oven over medium-high heat. (If desired, cook onions in 12-inch nonstick skillet; after cooking, transfer onions to Dutch oven to complete the soup.) Stir in onions to coat with butter. Cook uncovered 10 minutes, stirring every 3 to 4 minutes.

2. Reduce heat to medium-low. Cook 35 to 40 minutes longer, stirring well every 5 minutes, until onions are light golden brown (onions will shrink during cooking).

3. Stir in broth, water, pepper, thyme and bay leaf. Heat to boiling; reduce heat. Cover and simmer 15 minutes. Remove bay leaf.

4. Set oven control to broil. Place bread in 4 ovenproof bowls or individual casseroles. Add onion soup. Top with Swiss cheese. Sprinkle with Parmesan cheese. Place bowls on cookie sheet or in pan with shallow sides.

5. Broil with cheese about 5 inches from heat 1 to 2 minutes or just until cheese is melted and golden brown. Watch carefully so cheese does not burn. Serve with additional French bread if desired.

**1 Serving (about 1¹/₄ cups):** Calories 310 (Calories from Fat 145); Fat 16g (Saturated 10g); Cholesterol 45mg; Sodium 1,130mg; Carbohydrate 25g (Dietary Fiber 3g); Protein 20g **% Daily Value:** Vitamin A 10%; Vitamin C 6%; Calcium 38%; Iron 10%
**Exchanges:** 1 Starch, 2 High-Fat Meat, 2 Vegetable **Carbohydrate Choices:** 2

# Sopa de Cebolla a la Francesa
## French Onion Soup

**PREPARACIÓN:** 20 min **COCCIÓN:** 1 hora 5 min **ASAR EN "BROIL":** 2 min ■ **RINDE 4 PORCIONES**

*El tiempo de cocción largo y lento de las cebollas le da a esta sopa su rico sabor y color. Vea la foto en la página 13.*

2 cucharadas de mantequilla o margarina
4 cebollas medianas, rebanadas
2 tazas (10.5 onzas cada una) de caldo de res condensado
1¹/₂ tazas de agua
¹/₈ cucharadita de pimienta
¹/₈ cucharadita de hojas de tomillo seco
1 hoja de laurel
4 rebanadas de pan francés, de ³/₄ a 1 pulgada de grosor, tostadas
1 taza de queso Suizo o "Mozzarella", rallado (4 onzas)
¹/₄ taza de queso Parmesano rallado

1. Derrita la mantequilla en una cacerola grande y profunda ("dutch oven") antiadherente de 4 cuartos (1 galón) a fuego medio-alto. (Si desea, cocine las cebollas en una sartén antiadherente de 12 pulgadas; después de cocinarlas, pase las cebollas a la cacerola para completar la sopa). Agregue y revuelva las cebollas para cubrirlas con mantequilla. Cocine sin tapar durante 10 minutos, revolviendo cada 3 a 4 minutos.

2. Reduzca el fuego a medio-bajo. Cocine de 35 a 40 minutos más, revolviendo bien cada 5 minutos, hasta que las cebollas estén un poco doradas (cuando las cebollas se cocinen, se encogerán).

3. Agregue y mezcle el caldo de pollo, agua, pimiento tomillo y la hoja de laurel. Caliente hasta que hierva; reduzca el fuego. Cubra y cocine a fuego bajo por 15 minutos. Retire la hoja de laurel.

4. Programe el horno en la función de asar ("broil"). Coloque el pan en 4 tazones para horno o cacerolas individuales. Agregue la sopa de cebolla. Cubra con queso Suizo. Espolvoree con queso Parmesano. Coloque los tazones en una bandeja para hornear galletas o en un molde hondo para hornear.

5. Hornee con el queso a 5 pulgadas del fuego de 1 a 2 minutos o justo hasta que el queso se derrita y se dore. Observe cuidadosamente para que el queso no se queme. Si desea, sirva con más pan francés.

**1 Porción (aproximadamente 1¹/₄ tazas):** 310 Calorías (145 Calorías de Grasa); Grasas 16g (Saturada 10g); Colesterol 45mg; Sodio 1,130mg; Carbohidratos 25g (Fibra Dietética 3g); Proteína 20g **% de Valores Diarios:** Vitamina A 10%; Vitamina C 6%; Calcio 38%; Hierro 10% **Intercambios:** 1 Almidón, 2 Carnes con Alto Contenido de Grasa, 2 Vegetales **Opciones de Carbohidratos:** 2

# Sloppy Joes
## Sándwiches "Sloppy Joes"

**PREP:** 10 min **COOK:** 25 min ▪ **6 SANDWICHES**

*Lightly toasting the hamburger buns under the broiler will add flavor and a little crunch to this favorite sandwich. See photo on page 18.*

1 pound lean (at least 80%) ground beef
1 medium onion, chopped (¹/₂ cup)
¹/₄ cup chopped celery
1 cup ketchup
1 tablespoon Worcestershire sauce
1 teaspoon ground mustard
¹/₈ teaspoon pepper
6 hamburger buns, split

**1.** Cook beef, onion and celery in 10-inch skillet over medium heat 8 to 10 minutes, stirring occasionally, until beef is brown; drain.

**2.** Stir in remaining ingredients except buns. Heat to boiling; reduce heat. Simmer uncovered 10 to 15 minutes, stirring occasionally, until vegetables are tender.

**3.** Fill buns with beef mixture.

**1 Sandwich:** Calories 325 (Calories from Fat 115); Fat 13g (Saturated 5g); Cholesterol 45mg; Sodium 780mg; Carbohydrate 35g (Dietary Fiber 2g); Protein 19g **% Daily Value:** Vitamin A 12%; Vitamin C 6%; Calcium 8%; Iron 16% **Exchanges:** 2 Starch, 1¹/₂ High-Fat Meat, 1 Vegetable **Carbohydrate Choices:** 2

# Sándwiches "Sloppy Joes"
## Sloppy Joes

**PREPARACIÓN:** 10 min **COCCIÓN:** 25 min ■ **RINDE 6 SÁNDWICHES**

*Tostar ligeramente los panes de hamburguesa en el asador o "broiler" hará que este popular sánd-wich sea más sabroso y crujiente. Vea la foto en la página 18.*

1 libra de carne molida magra de res (por lo menos al 80%)
1 cebolla mediana, picada (1/2 taza)
1/4 taza de apio picado
1 taza de salsa de tomate "Ketchup"
1 cucharada de salsa inglesa "Worcestershire"
1 cucharadita de mostaza en polvo
1/8 cucharadita de pimienta
6 panes de hamburguesa, partidos a la mitad

1. Cocine la carne de res, cebolla y apio en una sartén de 10 pulgadas a fuego medio de 8 a 10 minutos, revolviendo ocasionalmente, hasta que la carne se dore; escúrrala.

2. Agregue y mezcle los demás ingredientes, excepto los panes. Caliente hasta que hierva; reduzca el fuego. Cocine sin tapar a fuego bajo de 10 a 15 minutos, revolviendo ocasional-mente, hasta que los vegetales se ablanden.

3. Ponga la mezcla de carne de res en los panes.

**1 Sándwich:** 325 Calorías (115 Calorías de Grasa); Grasas 13g (Saturada 5g); Colesterol 45mg; Sodio 780mg; Carbohidratos 35g (Fibra Dietética 2g); Proteína 19g **% de Valores Diarios:** Vitamina A 12%; Vitamina C 6%; Calcio 8%; Hierro 16% **Intercambios:** 2 Almidones, 1 1/2 Carne con Alto Contenido de Grasa, 1 Vegetal **Opciones de Carbohidratos:** 2

**Sloppy Joes (page 16)**   **Sándwiches "Sloppy Joes" (página 17)** ▼

▼ **American Grilled Cheese (page 20)** ▣ **Sándwich de Queso Americano a la Parrilla (página 21)**

# American Grilled Cheese

## Sándwich de Queso Americano a la Parrilla

**PREP:** 10 min **COOK:** 15 min ▪ **4 SANDWICHES**

*Dunk these grilled sandwiches into bowls of steaming tomato soup. See photo on page 19.*

12 slices process American cheese (about 8 ounces)
8 slices white or whole wheat bread
$1/3$ cup butter or margarine, softened

**1.** Place 3 slices cheese on each of 4 slices bread. Top with remaining bread slices. Spread 1 teaspoon butter over each top slice of bread.

**2.** Place sandwiches, butter sides down, in skillet. Spread remaining butter over top slices of bread. Cook uncovered over medium heat about 5 minutes or until bottoms are golden brown. Turn and cook 2 to 3 minutes longer or until bottoms are golden brown and cheese is melted.

**1 Serving:** Calories 470 (Calories from Fat 295); Fat 33g (Saturated 21g); Cholesterol 90mg; Sodium 1,180mg; Carbohydrate 26g (Dietary Fiber 1g); Protein 18g **% Daily Value:** Vitamin A 24%; Vitamin C 0%; Calcium 34%; Iron 10% **Exchanges:** 2 Starch, 2 High-Fat Meat, $2^1/2$ Fat **Carbohydrate Choices:** 2

# Sándwich de Queso Americano a la Parrilla
## American Grilled Cheese

**PREPARACIÓN:** 10 min **COCCIÓN:** 15 min  ▪  **RINDE 4 SÁNDWICHES**

*Sumerja estos sándwiches a la parrilla en platos de sopa de tomate caliente. Vea la foto en la página 19.*

12 rebanadas de queso procesado estilo americano (aproximadamente 8 onzas)
8 rebanadas de pan blanco o pan de trigo integral
$1/3$ taza de mantequilla o margarina, suavizada

**1.** Coloque 3 rebanadas de queso en cada una de las 4 rebanadas de pan. Cubra con las otras rebanadas de pan. Unte 1 cucharadita de mantequilla en cada lado exterior del sándwich.

**2.** Coloque los sándwiches en una sartén, con el lado de la mantequilla hacia abajo. Unte la mantequilla sobrante encima de los sándwiches. Cocine, sin tapar, a fuego medio por unos 5 minutos, o hasta que los lados de abajo se doren un poco. Voltéelos y cocínelos de 2 a 3 minutos más, o hasta que los lados de abajo se doren un poco y el queso se derrita.

**1 Porción:** 470 Calorías (295 Calorías de Grasas); Grasas 33g (Saturada 21g); Colesterol 90mg; Sodio 1,180mg; Carbohidratos 26g (Fibra Dietética 1g); Proteína 18g **% de Valores Diarios:** Vitamina A 24%; Vitamina C 0%; Calcio 34%; Hierro 10% **Intercambios:** 2 Almidones, 2 Carne con Alto Contenido de Grasa, $2^{1}/2$ Grasas **Opciones de Carbohidratos:** 2

# Texas T-Bones
*Bistecs "T-Bone" Tejanos*

**PREP:** 10 min **GRILL:** 16 min ■
**4 SERVINGS**

*Crush the peppercorns in a heavy-duty resealable plastic bag using a rolling pin, meat mallet or heavy saucepan.*

> 4 beef T-bone steaks, 1 inch thick (about 1 pound)
> 2 cloves garlic, cut in half
> 4 teaspoons black peppercorns, crushed
> 1/4 cup butter or margarine, softened
> 1 tablespoon Dijon mustard
> 1/2 teaspoon Worcestershire sauce
> 1/4 teaspoon lime juice
> Salt and pepper to taste, if desired

**1.** Heat coals or gas grill for direct heat.

**2.** Trim fat on beef steaks to 1/4-inch thickness. Rub garlic on beef. Press peppercorns into beef. In small bowl, mix remaining ingredients except salt and pepper; set aside.

**3.** Cover and grill beef over medium heat 14 to 16 minutes for medium doneness, turning once. Sprinkle with salt and pepper. Serve with butter mixture.

**1 Serving:** Calories 370 (Calories from Fat 215); Fat 24g (Saturated 12g); Cholesterol 130mg; Sodium 260mg; Carbohydrate 1g (Dietary Fiber 0g); Protein 37g **% Daily Value:** Vitamin A 10%; Vitamin C 0%; Calcium 2%; Iron 18% **Exchanges:** 5 Medium-Fat Meat **Carbohydrate Choices:** 0

# Bistecs "T-Bone" Tejanos
*Texas T-Bones*

**PREPARACIÓN:** 10 min **PARRILLA:** 16 min ■
**RINDE 4 PORCIONES**

*Triture los granos de pimienta en una bolsa de plástico resistente resellable utilizando un rodillo de amasar, un ablandador de carne o una sartén pesado.*

> 4 bistecs de res tipo "T-Bone" de 1 pulgada de grosor (aproximadamente 1 libra)
> 2 dientes de ajo, cortados por la mitad
> 4 cucharaditas de granos de pimienta negra, triturados
> 1/4 taza de mantequilla o margarina, suavizada
> 1 cucharada de mostaza Dijon
> 1/2 cucharadita de salsa inglesa "Worcestershire"
> 1/4 cucharadita de jugo de limón
> Sal y pimienta al gusto, si desea

**1.** Caliente el carbón o la parrilla a gas para obtener calor directo.

**2.** Quite la grasa de los bistecs a 1/4 pulgada de grosor. Frote la carne con el ajo. Presione los granos de pimienta en la carne. En un recipiente pequeño, mezcle los demás ingredientes, excepto la sal y pimienta; deje aparte.

**3.** Tape y ase la carne a fuego medio de 14 a 16 minutos para obtener una cocción media, volteando la carne una vez. Espolvoree con sal y pimienta. Sirva con mezcla de mantequilla.

**1 Porción:** 370 Calorías (215 Calorías de Grasa); Grasas 24g (Saturada 12g); Colesterol 130mg; Sodio 260mg; Carbohidratos 1g (Fibra Dietética 0g); Proteína 37g **% de Valores Diarios:** Vitamina A 10%; Vitamina C 0%; Calcio 2%; Hierro 18% **Intercambios:** 2 Carnes con Contenido Moderado de Grasa **Opciones de Carbohidratos:** 0

# Meat Loaf
## *Pastel de Carne*

**PREP:** 20 min **BAKE:** 1 hr 15 min **STAND:** 5 min ■ **6 SERVINGS**

*Sometimes the addition of green pepper or onion in meat loaf may cause it to remain pink in the center even though beef is cooked to 160°F doneness. Always check meat loaf with a thermometer to make sure it has reached the correct temperature in the center.*

1 1/2 pounds lean (at least 80%) ground beef
1 cup milk
1 tablespoon Worcestershire sauce
1 teaspoon chopped fresh or 1/4 teaspoon dried sage leaves
1/2 teaspoon salt
1/2 teaspoon ground mustard
1/4 teaspoon pepper
1 clove garlic, finely chopped or 1/8 teaspoon garlic powder
1 large egg
3 slices bread, torn into small pieces
1 small onion, chopped (1/4 cup)
1/2 cup ketchup, chili sauce or barbecue sauce

**1.** Heat oven to 350°F.

**2.** In large bowl, mix all ingredients except ketchup. Spread mixture in ungreased 8 × 4-inch or 9 × 5-inch loaf pan, or shape into 9 × 5-inch loaf in ungreased 13 × 9-inch pan. Spread ketchup over top.

**3.** Insert ovenproof meat thermometer so tip is in center of loaf. Bake uncovered 1 hour to 1 hour 15 minutes or until thermometer reads at least 160°F and beef is no longer pink in center. Drain meat loaf.

**4.** Let stand 5 minutes; remove from pan.

**1 Serving:** Calories 320 (Calories from Fat 160); Fat 18g (Saturated 7g); Cholesterol 105mg; Sodium 610mg; Carbohydrate 15g (Dietary Fiber 1g); Protein 25g **% Daily Value:** Vitamin A 8%; Vitamin C 4%; Calcium 8%; Iron 14% **Exchanges:** 1 Starch, 3 Medium-Fat Meat, 1/2 Fat **Carbohydrate Choices:** 1

# Pastel de Carne
## *Meat Loaf*

**PREPARACIÓN:** 20 min **HORNEAR:** 1 hora 15 min **REPOSAR:** 5 min ▪ **RINDE 6 PORCIONES**

*A menudo si se agrega pimentón verde o cebolla al pastel de carne, puede causar que éste quede de color rosado en el centro aunque la carne se cocine hasta 160°F de cocción. Con la ayuda de un termómetro, siempre verifique que el pastel de carne haya alcanzado la temperatura correcta en el centro.*

1 1/2 libras de carne molida de res magra (por lo menos al 80%)

1 taza de leche

1 cucharada de salsa inglesa "Worcestershire"

1 cucharadita de hojas de salvia fresca picada o 1/4 cucharadita de salvia seca

1/2 cucharadita de sal

1/2 cucharadita de mostaza en polvo

1/4 cucharadita de pimienta

1 diente de ajo, finamente picado o 1/8 cucharadita de polvo de ajo

1 huevo grande

3 rebanadas de pan, partidas en trozos pequeños

1 cebolla pequeña, picada (1/4 taza)

1/2 taza de salsa tomate "Ketchup", salsa de chile o salsa para barbacoa

**1.** Caliente el horno a 350°F.

**2.** En un recipiente grande, mezcle todos los ingredientes, excepto la salsa de tomate. Esparza la mezcla en un molde para hornear pan de 8 × 4 ó 9 × 5 pulgadas o forme un pastel de carne de 9 × 5 pulgadas en un molde para hornear de 13 × 9 pulgadas sin engrasar. Esparza la salsa de tomate encima.

**3.** Inserte en la carne un termómetro para hornear, de manera que la punta esté en el centro del pan. Hornee sin cubrir de 1 hora a 1 hora 15 minutos o hasta que la lectura del termómetro indique al menos 160°F y la carne ya no tenga el centro rosado. Escurra el pastel de carne.

**4.** Deje reposar 5 minutos; retire del molde.

**1 Porción:** 320 Calorías (160 Calorías de Grasa); Grasas 18g (Saturada 7g); Colesterol 105mg; Sodio 610mg; Carbohidratos 15g (Fibra Dietética 1g); Proteína 25g **% de Valores Diarios:** Vitamina A 8%; Vitamina C 4%; Calcio 8%; Hierro 14% **Intercambios:** 1 Almidón, 3 Carnes con Contenido Moderado de Grasa, 1/2 Grasa **Opciones de Carbohidratos:** 1

**Meat Loaf** 🔳 **Pastel de Carne** ▶

# Saucy Ribs
## *Costillas en Salsa*

**PREP:** 10 min **BAKE:** 2 hr 15 min ▪ **6 SERVINGS**

*Country-style pork ribs, a meatier rib, are a good choice, too. Use 3 pounds of the country-style ribs and place them in a 13 × 9-inch pan. Cover and bake about 2 hours or until tender; drain. Pour sauce over ribs and bake, uncovered, 30 minutes longer. Spoon the sauce in the pan over the ribs before serving.*

 4<sup>1</sup>/2 pounds pork loin back ribs
 Spicy Barbecue Sauce or Sweet-Savory Sauce
 (right)

**1.** Heat oven to 350°F. Cut ribs into serving pieces. Place meaty sides up in rack in shallow roasting pan.

**2.** Bake uncovered 1 hour 30 minutes.

**3.** Meanwhile, make desired sauce. Brush ribs with sauce.

**4.** Bake uncovered about 45 minutes longer, brushing frequently with sauce, until tender.

**5.** Heat any remaining sauce to boiling, stirring constantly; boil and stir 1 minute. Serve sauce with ribs.

### Spicy Barbecue Sauce

 <sup>1</sup>/3 cup butter or margarine
 2 tablespoons white or cider vinegar
 2 tablespoons water
 1 teaspoon sugar
 <sup>1</sup>/2 teaspoon garlic powder
 <sup>1</sup>/2 teaspoon onion powder
 <sup>1</sup>/2 teaspoon pepper
 Dash of ground red pepper (cayenne)

In 1-quart saucepan, heat all ingredients over medium heat, stirring frequently, until butter is melted.

### Sweet-Savory Sauce

 1 cup chili sauce
 <sup>3</sup>/4 cup grape jelly
 1 tablespoon plus 1<sup>1</sup>/2 teaspoons dry red wine
 or beef broth
 1 teaspoon Dijon mustard

In 1-quart saucepan, heat all ingredients over medium heat, stirring occasionally, until jelly is melted.

**1 Serving:** Calories 735 (Calories from Fat 540); Fat 60g (Saturated 25g); Cholesterol 225mg; Sodium 220mg; Carbohydrate 1g (Dietary Fiber 0g); Protein 48g  **% Daily Value:** Vitamin A 8%; Vitamin C 0%; Calcium 8%; Iron 16% **Exchanges:** 7 High-Fat Meat, 1 Fat  **Carbohydrate Choices:** 0

**SLOW COOKER SAUCY RIBS** Decrease amount of ribs to 3<sup>1</sup>/2 pounds. Cut ribs into 2- or 3-rib portions. Place ribs in 5- to 6-quart slow cooker. Sprinkle with <sup>1</sup>/2 teaspoon salt and <sup>1</sup>/4 teaspoon pepper. Pour <sup>1</sup>/2 cup water into slow cooker. Cover and cook on Low heat setting 8 to 9 hours. Remove ribs. Drain and discard liquid from slow cooker. Make desired sauce; pour into bowl. Dip ribs into sauce to coat. Place ribs in slow cooker. Pour any remaining sauce over ribs. Cover and cook on Low heat setting 1 hour.

# Costillas en Salsa
## *Saucy Ribs*

**PREPARACIÓN:** 10 min **HORNEAR:** 2 horas 15 min ■
**RINDE 6 PORCIONES**

*Las costillas de cerdo estilo sureño, una costilla con más carne, también son una buena opción. Utilice 3 libras de las costillas estilo sureño y colóquelas en un molde para hornear de 13 × 9 pulgadas. Tape y hornee por unas 2 horas o hasta que estén tiernas; escurra. Vierta la salsa sobre las costillas y hornee, sin tapar, 30 minutos más. Con una cuchara, cubra las costillas con la salsa del molde antes de servir.*

> $4^1/_2$ libras de costillas de lomo de cerdo
> Salsa de Barbacoa Picante o Salsa Dulce y
> Sabrosa (derecha)

1. Caliente el horno a 350°F. Corte las costillas en porciones para servir. Coloque el lado carnoso hacia arriba sobre la parrilla de una bandeja para asar.

2. Hornee sin tapar por 1 hora 30 minutos.

3. Mientras tanto, prepare la salsa de su gusto. Aplique la salsa sobre las costillas con la ayuda de una brochita.

4. Hornee sin tapar por unos 45 minutos más, aplicando la salsa sobre las costillas con la brochita hasta que estén tiernas.

5. Caliente la salsa restante hasta hervir, revolviendo constantemente; hierva y revuelva por 1 minuto. Sirva la salsa con las costillas.

## Salsa de Barbacoa Picante

> $1/_3$ taza de mantequilla o margarina
> 2 cucharadas de vinagre blanco o de manzana
> 2 cucharadas de agua
> 1 cucharadita de azúcar
> $1/_2$ cucharadita de polvo de ajo
> $1/_2$ cucharadita de polvo de cebolla
> $1/_2$ cucharadita de pimienta
> Una pizca de pimentón rojo en polvo (pimienta de Cayena)

En una sartén de 1 cuarto ($1/_4$ galón), caliente todos los ingredientes a fuego medio, revolviendo constantemente, hasta que la mantequilla se derrita.

## Salsa Dulce Sabrosa

> 1 taza de salsa de chile
> $3/_4$ taza de jalea de uva
> 1 cucharada más $1^1/_2$ cucharadita de vino rojo seco o caldo de carne
> 1 cucharadita de mostaza Dijon

En una sartén de 1 cuarto ($1/_4$ galón), caliente todos los ingredientes a fuego medio, revolviendo constantemente, hasta que la jalea se derrita.

**1 Porción:** 735 Calorías (540 Calorías de Grasa); Grasas 60g (Saturada 25g); Colesterol 225mg; Sodio 220mg; Carbohidratos 1g (Fibra Dietética 0g); Proteína 48g **% de Valores Diarios:** Vitamina A 8%; Vitamina C 0%; Calcio 8%; Hierro 16% **Intercambios:** 7 Carnes con Alto Contenido de Grasa, 1 Grasa **Opciones de Carbohidratos:** 0

▦ **COSTILLAS CON SALSA EN OLLA DE COCCIÓN LENTA** Disminuya la cantidad de costillas a $3^1/_2$ libras. Corte y distribuya las costillas en porciones de 2 ó 3 costillas. Coloque las costillas en una olla de cocción lenta de 5 a 6 cuartos de galón. Espolvoree con $1/_2$ cucharadita de sal y $1/_4$ cucharadita de pimienta. Vierta $1/_2$ taza de agua en la olla de cocción lenta. Tape y cocine a fuego bajo de 8 a 9 horas. Retire las costillas. Escurra y deseche el líquido de la olla de cocción lenta. Prepare la salsa de su gusto; vierta en un recipiente. Sumerja las costillas en la salsa para que se cubran. Coloque las costillas en la olla de cocción lenta. Vierta la salsa restante sobre las costillas. Tape y cocine a fuego bajo por 1 hora.

# Herb Roast Chicken and Vegetables

*Pollo Rostizado con Hierbas y Vegetales*

**PREP:** 20 min **BAKE:** 1 hr 30 min **STAND:** 15 min ◼ **6 SERVINGS**

*If you don't have a roasting pan, you can use a broiler pan or a 13 × 9-inch baking pan. For easy cleanup, line the inside of the pan with foil before adding the chicken. See photo on page 6.*

1/4 cup olive or vegetable oil
2 tablespoons chopped fresh or 1 teaspoon dried thyme leaves
2 tablespoons chopped fresh or 1 teaspoon dried marjoram leaves
1/2 teaspoon salt
1/4 teaspoon coarsely ground pepper
1 lemon
4- to 5-pound whole roasting chicken
6 small red potatoes, cut in half
1 cup baby-cut carrots
1/2 pound green beans

**1.** Heat oven to 375°F.

**2.** In small bowl, mix oil, thyme, marjoram, salt and pepper. Grate 1 teaspoon peel from lemon; stir peel into oil mixture. Cut lemon into fourths; place in cavity of chicken.

**3.** Fold wings of chicken across back so tips are touching. Tie or skewer legs to tail. On rack in shallow roasting pan, place chicken, breast side up. Brush some of the oil mixture on chicken. Insert ovenproof meat thermometer in chicken so tip is in thickest part of inside thigh muscle and does not touch bone.

**4.** Bake uncovered 45 minutes. Arrange potatoes, carrots and green beans around chicken; brush oil mixture on chicken and vegetables. Bake uncovered 30 to 45 minutes longer or until thermometer reads 180°F and legs move easily when lifted or twisted. Remove from oven. Let stand about 15 minutes for easiest carving. Remove lemon and discard.

**5.** Place chicken on platter; arrange vegetables around chicken. Serve with pan drippings.

**1 Serving:** Calories 475 (Calories from fat 225); Fat 25g (Saturated 6g); Cholesterol 110mg; Sodium 320mg; Carbohydrate 27g; (Dietary Fiber 4g); Protein 39g  **% Daily Value:** Vitamin A 72%; Vitamin C 12%; Calcium 6%; Iron 20%  **Exchanges:** 1 Starch, 2 Vegetable, 4 1/2 Lean Meat  **Carbohydrate Choices:** 2

# Pollo Rostizado con Hierbas y Vegetales
*Herb Roast Chicken and Vegetables*

**PREPARACIÓN:** 20 min **HORNEAR:** 1 hora 30 min **REPOSAR:** 15 min ■ **RINDE 6 PORCIONES**

*Si no tiene un molde para rostizar, puede utilizar una bandeja para asar o un molde de 13 × 9 pulgadas para hornear. Para limpiarlo fácilmente, recubra el interior del molde o la bandeja con papel de aluminio antes de colocar el pollo. Vea la foto en la página 6.*

1/4 taza de aceite de oliva o vegetal
2 cucharadas de hojas de tomillo fresco picado o 1 cucharadita de tomillo seco
2 cucharadas de hojas de mejorana fresca picada o 1 cucharadita de mejorana deshidratada
1/2 cucharadita de sal
1/4 cucharadita de pimienta molida
1 limón amarillo o dulce
1 pollo entero de 4 a 5 libras para asar
6 papas rojas pequeñas, cortadas por la mitad
1 taza de zanahorias pequeñas
1/2 libra de habichuelas tiernas (ejotes)*

**1.** Caliente el horno a 375°F.

**2.** En un recipiente pequeño, mezcle el aceite, tomillo, mejorana, sal y pimienta. Ralle 1 cucharadita de cáscara de limón; añada la cáscara rallada a la mezcla de aceite; revuelva. Corte el limón en cuartos; colóquelos en la cavidad del pollo.

**3.** Doble las alas del pollo cruzándolas hacia atrás, de manera que las puntas se toquen. Amarre o coloque un palillo para brocheta entre las piernas y el rabo. En la rejilla de una bandeja para asar poco profunda, coloque el pollo, con la pechuga hacia arriba. Con la ayuda de una brochita, esparza la mezcla de aceite sobre el pollo. Inserte en el pollo un termómetro para hornear carne, de manera que la punta esté en la parte interna más gruesa del músculo del muslo sin que toque el hueso.

**4.** Hornee sin cubrir por 45 minutos. Coloque las papas, zanahorias y habichuelas tiernas (ejotes) alrededor del pollo; esparza la mezcla de aceite con una brochita sobre el pollo y los vegetales. Hornee sin tapar de 30 a 45 minutos más o hasta que la lectura del termómetro indique 180°F y las piernas se mueven fácilmente cuando se las levanta o tuerce. Retire del horno. Deje reposar por unos 15 minutos para que sea más fácil de cortar. Retire el limón y deséchelo.

**5.** Coloque el pollo en un platón; acomode las verduras alrededor del pollo. Sirva con el jugo de la cazuela.

*\* Habichuelas: también conocidas como ejotes, porotos verdes, judías verdes o vainitas verdes.*

**1 Porción:** 475 Calorías (225 Calorías de Grasa); Grasas 25g (Saturada 6g); Colesterol 110mg; Sodio 320mg; Carbohidratos 27g (Fibra Dietética 4g); Proteína 39g **% de Valores Diarios:** Vitamina A 72%; Vitamina C 12%; Calcio 6%; Hierro 20% **Intercambios:** 1 Almidón, 2 Vegetales, 4 1/2 Carnes Magras **Opciones de Carbohidratos:** 2

# Turkey Divan
*Diván de Pavo*

**PREP:** 35 min **BROIL:** 3 min ■ **6 SERVINGS**

*If you want to use frozen broccoli, use 2 boxes (9 ounces each) frozen broccoli spears, cooked and drained, for the fresh broccoli. See photo on page 32.*

1¹/₂ pounds broccoli
¹/₄ cup butter or margarine
¹/₄ cup all-purpose flour
¹/₈ teaspoon ground nutmeg
1¹/₂ cups chicken broth
1 cup grated Parmesan cheese
¹/₂ cup whipping (heavy) cream
2 tablespoons dry white wine or chicken broth
6 large slices cooked turkey or chicken breast, ¹/₄ inch thick (³/₄ pounds)

**1.** Cut broccoli lengthwise into ¹/₂-inch-wide spears. In 2-quart saucepan, heat 1 inch water (salted if desired) to boiling. Add broccoli. Heat to boiling. Boil uncovered 5 minutes; drain and keep warm.

**2.** In same saucepan, melt butter over medium heat. Stir in flour and nutmeg. Cook, stirring constantly, until smooth and bubbly; remove from heat. Stir in broth. Heat to boiling, stirring constantly. Boil and stir 1 minute; remove from heat. Stir in ¹/₂ cup of the cheese, the whipping cream and wine.

**3.** Place hot broccoli in ungreased 11 × 7-inch glass baking dish. Top with turkey. Pour cheese sauce over turkey. Sprinkle with remaining ¹/₂ cup cheese.

**4.** Set oven control to broil. Broil with top 3 to 5 inches from heat about 3 minutes or until cheese is bubbly and light brown.

**1 Serving:** Calories 290 (Calories from Fat 170); Fat 19g (Saturated 11g); Cholesterol 90mg; Sodium 670mg; Carbohydrate 9g (Dietary Fiber 2g); Protein 23g **% Daily Value:** Vitamin A 20%; Vitamin C 54%; Calcium 24%; Iron 10% **Exchanges:** 2 Vegetable, 3 Lean Meat, 2 Fat **Carbohydrate Choices:** ¹/₂

# Diván de Pavo
*Turkey Divan*

**PREPARACIÓN:** 35 min **ASAR A LA PARRILLA:** 3 min ■ **RINDE 6 PORCIONES**

*Si usted desea utilizar brócoli congelado, utilice 2 cajas (9 onzas cada una) de trozos de brócoli congelado, cocido y escurrido, en vez del brócoli fresco. Vea la foto en la página 32.*

1$^{1}$/$_{2}$ libras de brócoli
$^{1}$/$_{4}$ taza de mantequilla o margarina
$^{1}$/$_{4}$ taza de harina regular
$^{1}$/$_{8}$ cucharadita de nuez moscada en polvo
1$^{1}$/$_{2}$ tazas de caldo o consomé de pollo
1 taza de queso Parmesano rallado
$^{1}$/$_{2}$ taza de crema para batir (espesa)
2 cucharadas de vino blanco seco o caldo de pollo
6 rebanadas grandes de pechuga de pavo o pollo cocido, $^{1}$/$_{4}$ pulgada
 de grosor ($^{3}$/$_{4}$ libra)

**1.** Corte el brócoli a lo largo en trozos de $^{1}$/$_{2}$ pulgada de ancho. En una cacerola de 2 cuartos ($^{1}$/$_{2}$ galón), caliente 1 pulgada de agua (con sal si desea) hasta hervir. Añada el brócoli. Caliente hasta hervir. Hierva sin tapar por 5 minutos; escurra, aparte y mantenga caliente.

**2.** En la misma cacerola, derrita la mantequilla a fuego medio. Añada la harina y la nuez moscada; revuelva. Cocine, revolviendo constantemente, hasta que la mezcla esté suave y se formen burbujas; retire del fuego. Añada el caldo y revuelva. Caliente hasta hervir, revolviendo constantemente. Hierva y revuelva por 1 minuto; retire del fuego. Añada $^{1}$/$_{2}$ taza de queso, la crema para batir y el vino; revuelva.

**3.** Coloque el brócoli caliente en un molde de vidrio de 11 × 7 pulgadas para horno. Corone con el pavo. Vierta la salsa de queso sobre el pavo. Espolvoree con la $^{1}$/$_{2}$ taza de queso restante.

**4.** Coloque el horno en la función de asar (broil). Ase al horno con la parte superior a una distancia de 3 a 5 pulgadas del calor por unos 3 minutos o hasta que en el queso se formen burbujas y esté ligeramente dorado.

**1 Porción:** 290 Calorías (170 Calorías de Grasa); Grasas 19g (Saturada 11g); Colesterol 90mg; Sodio 670mg; Carbohidratos 9g (Fibra Dietética 2g); Proteína 23g **% de Valores Diarios:** Vitamina A 20%; Vitamina C 54%; Calcio 24%; Hierro 10% **Intercambios:** 2 Vegetales, 3 Carnes Magras, 2 Grasas **Opciones de Carbohidratos:** $^{1}$/$_{2}$

**Turkey Divan (page 30)** ▣ **Diván de Pavo (página 31)** ▼

▼ **Pecan-Crusted Fish Fillets (page 34)** ▣ **Filetes de Pescado Cubiertos con Nueces (página 35)**

# Pecan-Crusted Fish Fillets

*Filetes de Pescado Cubiertos con Nueces*

**PREP:** 15 min **COOK:** 10 min ▪ **4 SERVINGS**

*The pecans are chopped to add texture to this delicate fish and don't release as much oil as ground pecans. Because the fish is delicate, you may need to use two pancake turners to turn the fish over to help prevent it from breaking into pieces. See photo on page 33.*

1 cup finely chopped pecans (not ground)
$1/4$ cup dry bread crumbs
2 teaspoons grated lemon peel
1 large egg
1 tablespoon milk
1 pound sole, orange roughy, walleye pike or other delicate- to medium-texture fish fillets, about $1/2$ inch thick
$1/2$ teaspoon salt
$1/4$ teaspoon pepper
2 tablespoons vegetable oil
Lemon wedges

**1.** In shallow dish, mix pecans, bread crumbs and lemon peel. In small bowl, beat egg and milk with fork or wire whisk until blended.

**2.** Cut fish into 4 serving pieces. Sprinkle both sides of fish with salt and pepper. Coat fish with egg mixture, then coat well with pecan mixture, pressing lightly into fish.

**3.** In 12-inch nonstick skillet, heat oil over medium heat. Add fish. Reduce heat to medium-low. Cook 6 to 10 minutes, carefully turning once with 2 pancake turners, until fish flakes easily with fork and is brown. Serve with lemon wedges.

**1 Serving:** Calories 350 (Calories from Fat 225); Fat 25g (Saturated 3g); Cholesterol 105mg; Sodium 450mg; Carbohydrate 9g (Dietary Fiber 3g); Protein 24g **% Daily Value:** Vitamin A 2%; Vitamin C 0%; Calcium 6%; Iron 8% **Exchanges:** $1/2$ Starch, 3 Lean Meat, 3 Fat **Carbohydrate Choices:** $1/2$

# Filetes de Pescado Cubiertos con Nueces
## *Pecan-Crusted Fish Fillets*

**PREPARACIÓN:** 15 min **COCCIÓN:** 10 min ■ **RINDE 4 PORCIONES**

*Se pican las nueces para añadir textura a este delicado pescado y además, porque no sueltan tanto aceite como las nueces molidas. Debido a que el pescado es delicado, conviene utilizar dos espátulas de panqueques ("pancakes") para darle vuelta el pescado y evitar que se quiebre. Vea la foto en la página 33.*

1 taza de nueces finamente picadas (no molidas)
$1/4$ taza de migajas de pan seco
2 cucharaditas de cáscara de limón rallada
1 huevo grande
1 cucharada de leche
1 libra de filetes de bacalao, orange roughy, perca ("walleye pike") o de otro
    pescado de textura media, aproximadamente $1/2$ pulgada de grosor
$1/2$ cucharadita de sal
$1/4$ cucharadita de pimienta
2 cucharadas de aceite vegetal
Limón amarillo o dulce en gajos

**1.** En un plato poco profundo, mezcle las nueces, las migas de pan y la cáscara del limón. En un recipiente pequeño, bata el huevo y la leche con un tenedor o batidor de mano hasta que estén bien mezclados.

**2.** Corte el pescado en 4 porciones para servir. Espolvoree ambos lados del pescado con sal y pimienta. Cubra el pescado con la mezcla de huevo, luego cubra bien con la mezcla de nueces, presionando levemente sobre el pescado.

**3.** En una sartén antiadherente de 12 pulgadas, caliente el aceite a fuego medio. Añada el pescado. Reduzca el fuego a medio-bajo. Cocine de 6 a 10 minutos, dándole vuelta cuidadosamente con las 2 espátulas para panqueques hasta que el pescado se pueda partir con un tenedor y esté dorado. Sirva con los gajos de limón.

**1 Porción:** 350 Calorías (225 Calorías de Grasa); Grasas 25g (Saturada 3g); Colesterol 105mg; Sodio 450mg; Carbohidratos 9g (Fibra Dietética 3g); Proteína 24g **% de Valores Diarios:** Vitamina A 2%; Vitamina C 0%; Calcio 6%; Hierro 8% **Intercambios:** $1/2$ Almidón, 3 Carnes Magras, 3 Grasas **Opciones de Carbohidratos:** $1/2$

# Shrimp Scampi
## *Camarones Scampi*

*For a heartier meal, serve the shrimp over fettuccine. Cook and drain 8 ounces uncooked fettuccine as directed on package. Serve shrimp mixture over fettuccine and sprinkle with cheese.*

> 1 1/2 pounds uncooked medium shrimp in shells, thawed if frozen
> 2 tablespoons olive or vegetable oil
> 1 tablespoon chopped fresh parsley
> 2 tablespoons lemon juice
> 1/4 teaspoon salt
> 2 medium green onions, thinly sliced (2 tablespoons)
> 2 cloves garlic, finely chopped
> Grated Parmesan cheese, if desired

**1.** Peel shrimp. Make a shallow cut lengthwise down back of each shrimp; wash out vein.

**2.** In 10-inch skillet, heat oil over medium heat. Cook shrimp and remaining ingredients except cheese in oil 2 to 3 minutes, stirring frequently, until shrimp are pink and firm; remove from heat. Sprinkle with cheese and chopped parsley, if desired.

**1 Serving:** Calories 90 (Calories from Fat 35); Fat 4g (Saturated 1g); Cholesterol 105mg; Sodium 220mg; Carbohydrate 1g (Dietary Fiber 0g); Protein 12g **% Daily Value:** Vitamin A 4%; Vitamin C 4%; Calcium 2%; Iron 10% **Exchanges:** 2 Very Lean Meat, 1/2 Fat **Carbohydrate Choices:** 0

# Camarones Scampi
## *Shrimp Scampi*

*Para una comida más sustanciosa, sirva los camarones sobre fideos tipo "fettuccine". Cocine y escurra 8 onzas de fettuccine crudo siguiendo las instrucciones del paquete. Sirva la mezcla de camarones sobre los fideos y espolvoree con queso.*

> 1 1/2 libras de camarones medianos crudos con cáscara, descongelados (si están congelados)
> 2 cucharadas de aceite de oliva o vegetal
> 1 cucharada de perejil fresco picado
> 2 cucharadas de jugo de limón dulce o amarillo
> 1/4 cucharadita de sal
> 2 cebollitas verdes medianas, finamente picadas (2 cucharadas)
> 2 dientes de ajo, finamente picados
> Queso Parmesano rallado, si desea

**1.** Pele los camarones. Haga un corte poco profundo a lo largo de la parte trasera de cada camarón; desvene.

**2.** En una sartén de 10 pulgadas, caliente el aceite a fuego medio. Cocine en aceite los camarones y los demás ingredientes, excepto el queso, de 2 a 3 minutos, revolviendo frecuentemente, hasta que los camarones estén rosados y firmes; retire del fuego. Espolvoree con queso y perejil picado, si desea.

**1 Porción:** 90 Calorías 90 (35 Calorías de Grasa); Grasas 4g (Saturada 1g); Colesterol 105mg; Sodio 220mg; Carbohidratos 1g (Fibra Dietética 0g); Proteína 12g **% de Valores Diarios:** Vitamina A 4%; Vitamina C 4%; Calcio 2%; Hierro 10% **Intercambios:** 2 Carnes Magras, 1/2 Grasa **Opciones de Carbohidratos:** 0

# Eggs Benedict
*Huevos Benedictos*

**PREP:** 30 min ■ **6 SERVINGS**

*This classic brunch dish was created years ago and named after Mr. and Mrs. LeGrand Benedict, patrons of Delmonico's Restaurant in New York, after they complained there was nothing new on the lunch menu! See photo on page 40.*

Hollandaise Sauce (below)
3 English muffins
3 tablespoons butter or margarine, softened
1 teaspoon butter or margarine
6 thin slices Canadian-style bacon or fully cooked ham
6 large eggs
Paprika, if desired

**1.** Make Hollandaise Sauce; keep warm.

**2.** Split English muffins; toast. Spread each muffin half with some of the 3 tablespoons butter; keep warm.

**3.** In 10-inch skillet, melt 1 teaspoon butter over medium heat. Cook bacon in butter until light brown on both sides; keep warm.

**4.** In skillet or saucepan, heat 2 to 3 inches water to boiling; reduce to simmering. Break cold eggs, one at a time, into custard cup or saucer. Holding dish close to water's surface, carefully slip eggs into water. Cook 3 to 5 minutes or until whites and yolks are firm, not runny. Remove with slotted spoon.

**5.** Place 1 slice bacon on each muffin half. Top with egg. Spoon warm Hollandaise Sauce over eggs. Sprinkle with paprika.

## Hollandaise Sauce

3 large egg yolks
1 tablespoon lemon juice
$1/2$ cup firm butter (do not use margarine)

In $1^1/2$-quart saucepan, vigorously stir egg yolks and lemon juice with wire whisk. Add $1/4$ cup of the butter. Heat over very low heat, stirring constantly with wire whisk, until butter is melted. Add remaining $1/4$ cup butter. Continue stirring vigorously until butter is melted and sauce is thickened. (Be sure butter melts slowly so eggs have time to cook and thicken sauce without curdling.) If the sauce curdles (mixture begins to separate), add about 1 tablespoon boiling water and beat vigorously with wire whisk or hand beater until it's smooth. Serve immediately.

**1 Serving:** Calories 415 (Calories from Fat 295); Fat 33g (Saturated 17g); Cholesterol 400mg; Sodium 670mg; Carbohydrate 14g (Dietary Fiber 1g); Protein 15g **% Daily Value:** Vitamin A 26%; Vitamin C 0%; Calcium 10%; Iron 10% **Exchanges:** 1 Starch, 1$1/2$ High-Fat Meat, 4 Fat **Carbohydrate Choices:** 1

# Huevos Benedictos
## *Eggs Benedict*

**PREPARACIÓN:** 30 min ■ **RINDE 6 PORCIONES**

*¡Este clásico platillo de desayuno-almuerzo fue creado hace muchos años y le debe su nombre al Sr. y la Sra. LeGrand Benedict, clientes del Restaurante Delmonico's en Nueva York, quienes se quejaron por no haber nada nuevo en el menú! Vea la foto en la página 40.*

Salsa Holandesa (vea abajo)
3 panecillos ingleses (English muffins)
3 cucharadas de mantequilla o margarina, suavizada
1 cucharadita de mantequilla o margarina
6 rebanadas finas de tocino estilo canadiense o jamón cocido
6 huevos grandes
Paprika, si desea

**1.** Prepare la Salsa Holandesa; manténgala caliente.

**2.** Parta los panecillos por la mitad; tuéstelos. Unte parte de las 3 cucharadas de mantequilla sobre los panecillos; manténgalos calientes.

**3.** En una sartén de 10 pulgadas, derrita 1 cucharadita de mantequilla a fuego medio. Cocine el jamón en la mantequilla hasta que se dore ligeramente por ambos lados; manténgalo caliente.

**4.** En una olla o sartén, caliente de 2 a 3 pulgadas de agua hasta que hierva; reduzca a fuego bajo. Quiebre los huevos refrigerados, uno a la vez, en una tacita o molde para flan. Sosteniendo la tacita cerca del agua caliente, cuidadosamente deslice los huevos en el agua. Cocínelos de 3 a 5 minutos o hasta que las claras y yemas estén firmes, no blandas. Retire con una espumadera.

**5.** Coloque 1 rebanada de jamón en cada mitad de "muffin". Ponga el huevo encima. Con una cuchara, agregue la salsa Holandesa caliente sobre los huevos. Espolvoree con paprika.

## Salsa Holandesa

3 yemas grandes de huevo
1 cucharada de jugo de limón
$^1/_2$ taza de mantequilla dura (no use margarina)

En una cacerola de $1^1/_2$ cuartos ($^3/_8$ galón), bata vigorosamente las yemas de huevo y el jugo de limón con un batidor de alambre. Agregue $^1/_4$ de taza de mantequilla. Caliente a fuego bajo, revolviendo constantemente con el batidor de alambre, hasta que la mantequilla se derrita. Agregue el otro $^1/_4$ de taza de mantequilla. Continúe revolviendo vigorosamente hasta que la mantequilla se derrita y la salsa espese. (Asegúrese que la mantequilla se derrita lentamente para que los huevos tengan tiempo de cocerse y la salsa se espese sin cuajarse). Si la salsa se cuaja (la mezcla comienza a separarse), agregue 1 cucharada de agua hirviendo y bata vigorosamente con el batidor de alambre o con una batidora manual hasta que la mezcla esté suave. Sirva inmediatamente.

**1 Porción:** 415 Calorías (295 Calorías de Grasa); Grasas 33g (Saturada 17g); Colesterol 400mg; Sodio 670mg; Carbohidratos 14g (Fibra Dietética 1g); Proteína 15g **% de Valores Diarios:** Vitamina A 26%; Vitamina C 0%; Calcio 10%; Hierro 10% **Intercambios:** 1 Almidón, 1$^1/_2$ Carne con Alto Contenido de Grasa, 4 Grasas **Opciones de Carbohidratos:** 1

**Eggs Benedict (page 38)**  **Huevos Benedictos (página 39)** ▼

▼ **Savory Herb Frittata (page 42)**  **Sabrosa Frittata de Hierbas Aromáticas (página 43)**

# Savory Herb Frittata

*Sabrosa Frittata de Hierbas Aromáticas*

**PREP:** 10 min **COOK:** 16 min ▪ **6 SERVINGS**

*Frittata is the Italian word for "omelet," but it differs from a classic French omelet in several ways. The ingredients are cooked with the eggs instead of being folded inside the omelet. Frittatas are also cooked over a lower heat for a longer period of time than regular omelets. Additional ingredients, such as herbs or tomatoes, may be sprinkled on top. See photo on page 41.*

8 large eggs
1 tablespoon chopped fresh or $1/2$ teaspoon dried basil leaves
1 tablespoon chopped fresh or $1/2$ teaspoon dried mint leaves
1 tablespoon chopped fresh or $1/2$ teaspoon dried sage leaves
1 tablespoon freshly grated Parmesan cheese
$1/2$ teaspoon salt
$1/8$ teaspoon pepper
$1/4$ cup diced fully cooked ham (2 ounces)
1 tablespoon butter or margarine
1 small onion, finely chopped ($1/4$ cup)

**1.** In medium bowl, beat all ingredients except ham, butter and onion thoroughly with fork or wire whisk until well mixed. Stir in ham.

**2.** In 10-inch nonstick skillet, melt butter over medium-high heat. Cook onion in butter 4 to 5 minutes, stirring frequently, until crisp-tender; reduce heat to medium-low.

**3.** Pour egg mixture into skillet. Cover and cook 9 to 11 minutes or until eggs are set around edge and light brown on bottom. Cut into wedges.

**1 Serving:** Calories 140 (Calories from Fat 90); Fat 10g (Saturated 4g); Cholesterol 290mg; Sodium 390mg; Carbohydrate 2g (Dietary Fiber 0g); Protein 10g **% Daily Value:** Vitamin A 10%; Vitamin C 0%; Calcium 6%; Iron 6% **Exchanges:** 1$1/2$ Medium-Fat Meat, $1/2$ Fat **Carbohydrate Choices:** 0

# Sabrosa Frittata de Hierbas Aromáticas
## *Savory Herb Frittata*

**PREPARACIÓN:** 10 min **COCCIÓN:** 16 min ■ **RINDE 6 PORCIONES**

*La palabra* Frittata *en italiano significa "omelet" o tortilla de huevo, pero es diferente al clásico "omelet" francés en varias maneras. Los ingredientes se cocinan junto con los huevos en vez de doblarse dentro del omelet. Las "Frittatas" también se cocinan a fuego más bajo y por más tiempo que los "omelets" regulares. También se pueden espolvorear por encima ingredientes adicionales como tomates o hierbas aromáticas. Vea la foto en la página 41.*

8 huevos grandes
1 cucharada de hojas de laurel fresco picado o $^1/_2$ cucharadita hojas de laurel seco
1 cucharada de menta fresca picada o $^1/_2$ cucharadita de hojas de menta seca
1 cucharada de salvia fresca picada o $^1/_2$ cucharadita de hojas de salvia seca
1 cucharada de queso Parmesano recién rallado
$^1/_2$ cucharadita de sal
$^1/_8$ cucharadita de pimienta
$^1/_4$ taza de jamón cocido cortado en cubitos (2 onzas)
1 cucharada de mantequilla o margarina
1 cebolla pequeña, finamente picada ($^1/_4$ taza)

**1.** En un recipiente mediano, bata bien todos los ingredientes, excepto el jamón, la mantequilla y la cebolla, con un tenedor o batidor de alambre hasta que se mezclen bien. Agregue el jamón y mezcle.

**2.** En una sartén de 10 pulgadas antiadherente, derrita la mantequilla a fuego medio-alto. Cocine la cebolla en la mantequilla de 4 a 5 minutos, revolviendo frecuentemente, hasta que esté entre crujiente y blanda; reduzca el fuego a medio-bajo.

**3.** Vierta la mezcla de huevo en el sartén. Tape y cocine de 9 a 11 minutos o hasta que los huevos se cocinen en las orillas y se doren un poco en el fondo. Corte en triángulos.

**1 Porción:** 140 Calorías (90 Calorías de Grasa); Grasas 10g (Saturada 4g); Colesterol 290mg; Sodio 390mg; Carbohidratos 2g (Fibra Dietética 0g); Proteína 10g **% de Valores Diarios:** Vitamina A 10%; Vitamina C 0%; Calcio 6%; Hierro 6%
**Intercambios:** 1$^1/_2$ Carne con Contenido Moderado de Grasa, $^1/_2$ Grasa **Opciones de Carbohidratos:** 0

# Three-Bean Casserole
## *Cacerola con Tres Clases de Frijoles/Habichuelas*

**PREP:** 20 min **BAKE:** 45 min ▪ **8 SERVINGS**

*If you'd like to put a slightly different twist on this hearty casserole, use a pound of ground beef for the pork sausage and 1 cup barbecue sauce for the tomato sauce.*

1 pound bulk pork sausage
2 medium stalks celery, sliced (1 cup)
1 medium onion, chopped ($^{1}/_{2}$ cup)
1 large clove garlic, finely chopped
2 cans (21 ounces each) baked beans (any variety)
1 can (15 to 16 ounces) lima or butter beans, drained
1 can (15 to 16 ounces) kidney beans, drained
1 can (8 ounces) tomato sauce
1 tablespoon ground mustard
2 tablespoons honey or packed brown sugar
1 tablespoon white or cider vinegar
$^{1}/_{4}$ teaspoon red pepper sauce

**1.** Heat oven to 400°F.

**2.** In 10-inch skillet, cook sausage, celery, onion and garlic over medium heat 8 to 10 minutes, stirring occasionally, until sausage is no longer pink; drain.

**3.** Mix sausage mixture and remaining ingredients in ungreased 3-quart casserole. Bake uncovered about 45 minutes, stirring once, until hot and bubbly.

**1 Serving (about 1$^{1}/_{3}$ cups):** Calories 365 (Calories from Fat 90); Fat 10g (Saturated 3g); Cholesterol 20mg; Sodium 1,400mg; Carbohydrate 62g (Dietary Fiber 15g); Protein 22g **% Daily Value:** Vitamin A 32%; Vitamin C 8%; Calcium 12%; Iron 22% **Exchanges:** 4 Starch, 1 Fat **Carbohydrate Choices:** 4

# Cacerola con Tres Clases de Frijoles/Habichuelas
## *Three-Bean Casserole*

**PREPARACIÓN:** 20 min **HORNEAR:** 45 min ■ **RINDE 8 PORCIONES**

*Si desea hacerle una pequeña variación a esta clásica cacerola, use una libra de carne molida de res en vez de la salchicha de cerdo y 1 taza de salsa para barbacoa en lugar de la salsa de tomate.*

1 libra de salchicha de cerdo
2 tallos medianos de apio, picados (1 taza)
1 cebolla mediana, picada ($1/2$ taza)
1 diente de ajo grande, finamente picado
2 tazas (21 onzas cada una) de frijoles cocidos ("baked beans" en cualquier variedad)
1 lata (15 a 16 onzas) de habas, alubias o judías verdes ("lima beans" o "butter beans"), escurridas
1 lata (15 a 16 onzas) de frijoles rojos ("kidney beans"), escurridos
1 lata (8 onzas) de salsa de tomate
1 cucharada de mostaza en polvo
2 cucharadas de miel o azúcar morena comprimida
1 cucharada de vinagre blanco o de manzana
$1/4$ cucharadita de salsa picante roja

**1.** Caliente el horno a 400°F.

**2.** En una sartén de 10 pulgadas, cocine la salchicha, el apio, cebolla y ajo a fuego medio de 8 a 10 minutos, revolviendo ocasionalmente, hasta que la salchicha ya no esté de color rosado; escurra.

**3.** Revuelva la mezcla de salchicha con los demás ingredientes en una cacerola de 3 cuartos sin engrasar. Hornee sin tapar por 45 minutos, revolviendo la mezcla una sola vez, hasta que esté caliente y se formen burbujas.

**1 Porción (aproximadamente 1$1/3$ tazas):** 365 Calorías (90 Calorías de Grasa); Grasas 10g (Saturada 3g); Colesterol 20mg; Sodio 1,400mg; Carbohidratos 62g (Fibra Dietética 15g); Proteína 22g **% de Valores Diarios:** Vitamina A 32%; Vitamina C 8%; Calcio 12%; Hierro 22%
**Intercambios:** 4 Almidones, 1 Grasa **Opciones de Carbohidratos:** 4

# Cheesy Broccoli-Rice Bake
*Arroz al Horno con Brócoli y Queso*

**PREP:** 15 min **BAKE:** 35 min ▪ **8 SERVINGS**

*The meatless casserole can be jazzed up by adding a 4-ounce can of chopped green chilies. Stir in with the broccoli and rice.*

> 2 tablespoons butter or margarine
> 1 large onion, chopped (1 cup)
> 1 package (1 pound) pasteurized prepared cheese product loaf, cut into cubes
> 1 can (10.75 ounces) condensed cream of mushroom soup
> $2/3$ cup milk
> $1/4$ teaspoon pepper, if desired
> 2 cups $1/2$-inch pieces broccoli flowerets
> 3 cups cooked rice
> 1 cup fine soft bread crumbs (about $1^1/_2$ slices bread)
> 2 tablespoons butter or margarine, melted

**1.** Heat oven to 350°F. Spray 13 × 9-inch glass baking dish with cooking spray.

**2.** In 10-inch skillet, melt 2 tablespoons butter over medium-high heat. Cook onion in butter, stirring occasionally, until crisp-tender; reduce heat to medium. Stir in cheese, soup, milk and pepper. Cook, stirring frequently, until cheese is melted.

**3.** Stir in broccoli and rice. Spoon into baking dish. In small bowl, mix bread crumbs and 2 tablespoons
melted butter; sprinkle over rice mixture.

**4.** Bake uncovered 30 to 35 minutes or until light brown on top and bubbly around edges.

**1 Serving:** Calories 415 (Calories from Fat 245); Fat 27g (Saturated 16g); Cholesterol 70mg; Sodium 1,150mg; Carbohydrate 26g (Dietary Fiber 1g); Protein 17g **% Daily Value:** Vitamin A 24%; Vitamin C 18%; Calcium 36%; Iron 8% **Exchanges:** $1^1/_2$ Starch, 1 Vegetable, $1^1/_2$ Medium-Fat Meat, $3^1/_2$ Fat **Carbohydrate Choices:** 2

# Arroz al Horno con Brócoli y Queso
## Cheesy Broccoli-Rice Bake

**PREPARACIÓN:** 15 min **HORNEAR:** 35 min ▪ **RINDE 8 PORCIONES**

*Esta cacerola vegetariana puede verse más alegre agregando una lata de 4 onzas de chiles verdes picados. Agréguela junto con el brócoli y el arroz.*

2 cucharadas de mantequilla o margarina
1 cebolla grande, picada (1 taza)
1 paquete (1 libra) producto de queso pasteurizado en barra, cortado en cubitos
1 lata (10.75 onzas) sopa de crema de champiñones condensada
$2/3$ taza de leche
$1/4$ cucharadita de pimienta, si desea
2 tazas de florecitas de brócoli cortadas en piezas de $1/2$ pulgada
3 tazas de arroz cocido
1 taza de finas migajas de pan suave (aproximadamente $1^1/2$ rebanadas de pan)
2 cucharadas de mantequilla o margarina, derretida

**1.** Caliente el horno a 350°F. Rocíe un molde para hornear de 13 × 9 pulgadas con aceite de cocinar.

**2.** En una sartén de 10 pulgadas, derrita 2 cucharadas de mantequilla a fuego medio-alto. Cocine la cebolla en mantequilla, revolviendo ocasionalmente, hasta que esté entre crujiente y blanda; reduzca a fuego medio. Agregue el queso, la sopa, la leche y la pimienta, y mezcle. Cocine, revolviendo con frecuencia, hasta que el queso se derrita.

**3.** Agregue el brócoli y el arroz y revuelva. Ponga la mezcla en el molde. En un recipiente pequeño, mezcle las migajas de pan y 2 cucharadas de mantequilla derretida; salpique sobre la mezcla de arroz.

**4.** Hornee sin cubrir de 30 a 35 minutos o hasta que se dore un poco por encima y se formen burbujas en los lados.

**1 Porción:** 415 Calorías (245 Calorías de Grasa); Grasas 27g (Saturada 16g); Colesterol 70mg; Sodio 1,150mg; Carbohidratos 26g (Fibra Dietética 1g); Proteína 17g **% de Valores Diarios:** Vitamina A 24%; Vitamina C 18%; Calcio 36%; Hierro 8% **Intercambios:** $1^1/2$ Almidones, 1 Vegetal, $1^1/2$ Carnes con Contenido Moderado de Grasa, $3^1/2$ Grasas **Opciones de Carbohidratos:** 2

# Pasta Primavera
*Pasta Primavera*

**PREP:** 15 min **COOK:** 20 min ■ **4 SERVINGS**

*Primavera is an Italian word meaning spring-style and refers to the raw or crisp-cooked vegetables tossed with hot cooked pasta. See photo on page 50.*

8 ounces uncooked fettuccine or linguine
1 tablespoon olive or vegetable oil
1 cup broccoli flowerets
1 cup cauliflowerets
2 medium carrots, thinly sliced (1 cup)
1 cup frozen green peas (from 1-pound bag), rinsed to separate
1 small onion, chopped (1/4 cup)
1/2 cup butter or margarine
1/2 cup whipping (heavy) cream
3/4 cup grated Parmesan cheese
1/2 teaspoon salt
Dash of pepper
1 tablespoon grated Parmesan cheese

**1.** Cook fettuccine as directed on package.

**2.** While fettuccine is cooking, heat oil in 12-inch skillet over medium-high heat. Cook broccoli, cauliflower, carrots, peas and onion in oil 6 to 8 minutes, stirring frequently, until vegetables are crisp-tender. Remove from heat; keep warm.

**3.** Heat butter and whipping cream in 10-inch skillet over medium heat, stirring frequently, until butter is melted and mixture starts to bubble. Reduce heat to low, simmer 6 minutes, stirring frequently, until sauce is slightly thickened. Remove from heat; stir in 3/4 cup cheese, salt and pepper. Stir sauce into vegetable mixture.

**4.** Drain fettuccine. Stir fettuccine into sauce mixture; heat through. Sprinkle with 1 tablespoon cheese.

**1 Serving (about 1³/4 cups):** Calories 500 (Calories from Fat 270); Fat 30g (Saturated 11g); Cholesterol 130mg; Sodium 420mg; Carbohydrate 48g (Dietary Fiber 5g); Protein 15g **% Daily Value:** Vitamin A 46%; Vitamin C 30%; Calcium 22%; Iron 18% **Exchanges:** 3 Starch, 1 Vegetable, 1/2 High-Fat Meat, 4 Fat **Carbohydrate Choices:** 3

# Pasta Primavera
## *Pasta Primavera*

**PREPARACIÓN:** 15 min **COCCIÓN:** 20 min  ▪  **RINDE 4 PORCIONES**

*"Primavera" es una palabra que en italiano significa estilo primaveral, y se refiere a los vegetales crudos o cocidos, pero crujientes, que se mezclan con la pasta caliente. Vea la foto en la página 50.*

8 onzas de fettuccine o linguine crudo
1 cucharada de aceite de oliva o vegetal
1 taza de florecitas de brócoli
1 taza de florecitas de coliflor
2 zanahorias medianas, finamente rebanadas (1 taza)
1 taza de chícharos/guisantes congelados (de 1 bolsa de 1 libra), enjuagados para separarlos
1 cebolla pequeña, picada (1/4 taza)
1/2 taza de mantequilla o margarina
1/2 taza de crema (espesa) para batir
3/4 taza de queso Parmesano rallado
1/2 cucharadita de sal
Pizca de pimienta
1 cucharada de queso Parmesano rallado

**1.** Cocine el fettuccine como se indica en el paquete.

**2.** Mientras se cocina el fettuccine, caliente el aceite en una sartén de 12 pulgadas a fuego medio-alto. Cocine el brócoli, la coliflor, zanahorias, chícharos/guisantes y cebolla en aceite de 6 a 8 minutos, revolviendo con frecuencia, hasta que los vegetales estén crujientes, pero suaves. Retire del fuego; mantenga caliente.

**3.** Caliente la mantequilla y la crema para batir en una sartén de 10 pulgadas a fuego medio, revolviendo con frecuencia, hasta que la mantequilla se derrita y en la mezcla se formen burbujas. Reduzca el fuego, hierva a fuego bajo por 6 minutos, revolviendo con frecuencia, hasta que la salsa comience a espesar. Retire del fuego; agregue y mezcle 3/4 de taza de queso, la sal y la pimienta. Vierta la salsa en la mezcla de vegetales, y revuelva.

**4.** Escurra el fettuccine. Agregue el fettuccine a la salsa y revuelva; caliente completamente. Espolvoree con una cucharada de queso.

**1 Porción (aproximadamente 1³/4 tazas):** 500 Calorías (270 Calorías de Grasa); Grasas 30g (Saturada 11g); Colesterol 130mg; Sodio 420mg; Carbohidratos 48g (Fibra Dietética 5g); Proteína 15g **% de Valores Diarios:** Vitamina A 46%; Vitamina C 30%; Calcio 22%; Hierro 18% **Intercambios:** 3 Almidones, 1 Vegetal, 1/2 Carne con Alto Contenido de Grasa, 4 Grasas **Opciones de Carbohidratos:** 3

**Pasta Primavera (page 48)**    ▣    **Pasta Primavera (página 49)** ▼

**Macaroni and Cheese (page 52)**     **Macarrones con Queso (página 53)** ▼

# Macaroni and Cheese
## *Macarrones con Queso*

**PREP:** 25 min **BAKE:** 25 min ▪ **4 SERVINGS**

*Mix up your cheeses! Try Queso Fresco, smoked Gouda or white Cheddar for all or half of the sharp Cheddar. Stir in crumbled cooked bacon and crumble a little blue cheese over the top for a hearty, richly-flavored twist. See photo on page 51.*

2 cups uncooked elbow macaroni (7 ounces)
1/4 cup butter or margarine
1/4 cup all-purpose flour
1/2 teaspoon salt
1/4 teaspoon pepper
1/4 teaspoon ground mustard
1/4 teaspoon Worcestershire sauce
2 cups milk
2 cups shredded sharp Cheddar cheese (8 ounces)

**1.** Heat oven to 350°F.

**2.** Cook macaroni as directed on package.

**3.** Meanwhile, in 3-quart saucepan, melt butter over low heat. Stir in flour, salt, pepper, mustard and Worcestershire sauce. Cook over low heat, stirring constantly, until mixture is smooth and bubbly; remove from heat. Stir in milk. Heat to boiling, stirring constantly. Boil and stir 1 minute; remove from heat. Stir in cheese until melted.

**4.** Drain macaroni. Gently stir macaroni into cheese sauce. Pour into ungreased 2-quart casserole.

**5.** Bake uncovered 20 to 25 minutes or until bubbly.

**1 Serving (about 1 cup):** Calories 610 (Calories from Fat 305); Fat 34g (Saturated 21g); Cholesterol 100mg; Sodium 790mg; Carbohydrate 51g (Dietary Fiber 2g); Protein 26g **% Daily Value:** Vitamin A 28%; Vitamin C 0%; Calcium 46%; Iron 14% **Exchanges:** 2 1/2 Starch, 1 Milk, 1 1/2 High-Fat Meat, 4 Fat **Carbohydrate Choices:** 3 1/2

# Macarrones con Queso
*Macaroni and Cheese*

**PREPARACIÓN:** 25 min **HORNEAR:** 25 min ▪ **RINDE 4 PORCIONES**

*¡Combine sus quesos! Pruebe el Queso Fresco, el "Gouda" ahumado o el "Cheddar" blanco en lugar de todo o la mitad del queso "Cheddar" fuerte ("sharp"). Revuelva con trocitos de tocino frito y espolvoree por encima con un poco de queso Roquefort para otro rico y apetitoso sabor. Vea la foto en la página 51.*

2 tazas de macarrones crudos en forma de coditos (7 onzas)
$1/4$ taza de mantequilla o margarina
$1/4$ taza de harina regular
$1/2$ cucharadita de sal
$1/4$ cucharadita de pimienta
$1/4$ cucharadita de mostaza en polvo
$1/4$ cucharadita de salsa inglesa "Worcestershire"
2 tazas de leche
2 tazas de queso rallado "Cheddar" fuerte ("sharp") (8 onzas)

**1.** Caliente el horno a 350°F.

**2.** Cocine los macarrones como se indica en el paquete.

**3.** Mientras tanto, en una cacerola de 3 cuartos ($3/4$ galón), derrita la mantequilla a fuego bajo. Agregue la harina, sal, pimienta mostaza y la salsa inglesa, y mezcle. Cocine a fuego bajo, revolviendo constantemente, hasta que la mezcla quede suave y se formen burbujas; retire del fuego. Añada la leche. Caliente hasta que hierva, revolviendo constantemente. Hierva y mezcle por 1 minuto; retire del fuego. Agregue el queso hasta que se derrita.

**4.** Escurra los macarrones. Cuidadosamente, agregue los macarrones a la salsa de queso y revuelva. Páselos a una cacerola de 2 cuartos ($1/2$ galón), sin engrasar.

**5.** Hornee sin cubrir de 20 a 25 minutos o hasta que se formen burbujas.

**1 Porción (aproximadamente 1 taza):** 610 Calorías (305 Calorías de Grasa); Grasas 34g (Saturada 21g); Colesterol 100mg; Sodio 790mg; Carbohidratos 51g (Fibra Dietética 2g); Proteína 26g **% de Valores Diarios:** Vitamina A 28%; Vitamina C 0%; Calcio 46%; Hierro 14% **Intercambios:** $2^{1}/_{2}$ Almidones, 1 Leche, $1^{1}/_{2}$ Carnes con Alto Contenido de Grasa, 4 Grasas **Opciones de Carbohidratos:** $3^{1}/_{2}$

# Favorite Green Bean Casserole
*Cazuela Favorita de Habichuelas Tiernas (Ejote)*

**PREP:** 20 min **BAKE:** 40 min ▪ **6 SERVINGS**

*Instead of using canned beans, you can use 2 bags (16 ounces each) frozen cut green beans. Cook the beans as directed on package for the minimum time and then drain.*

1 can (10.75 ounces) condensed cream of mushroom, cream of celery or cream of chicken soup
1/2 cup milk
1/8 teaspoon pepper
2 cans (14.5 ounces each) French-style green beans, drained
1 can (2.8 ounces) French-fried onions

**1.** Heat oven to 350°F.

**2.** Mix soup, milk and pepper in 2-quart casserole or square baking dish, 8 × 8 × 2 inches. Stir in beans. Sprinkle with onions.

**3.** Bake uncovered 30 to 40 minutes or until hot in center.

**1 Serving (about 3/4 cup):** Calories 160 (Calories from Fat 90); Fat 10g (Saturated3g); Cholesterol 5mg; Sodium 830mg; Carbohydrate 16g (Dietary Fiber 3g); Protein 4g **% Daily Value:** Vitamin A 20%; Vitamin C 6%; Calcium 8%; Iron 10% **Exchanges:** 1/2 Starch, 2 Vegetable, 1 1/2 Fat **Carbohydrate Choices:** 1

# Cazuela Favorita de Habichuelas Tiernas (Ejote)*
*Favorite Green Bean Casserole*

**PREPARACIÓN:** 20 min **HORNEAR:** 40 min ▪ **RINDE 6 PORCIONES**

*En vez de usar el producto enlatado, puede utilizar 2 bolsas (16 onzas c/u) de habichuelas tiernas (ejote) cortadas congeladas. Cocine las habichuelas siguiendo las instrucciones del paquete durante el tiempo mínimo y luego escurra.*

> 1 lata (10.75 onzas) de crema de champiñones/hongos, crema de apio o crema de sopa de pollo condensada
> 1/2 taza de leche
> 1/8 cucharadita de pimienta
> 2 latas (14.5 onzas c/u) de habichuelas tiernas (ejote) estilo francés, escurridas
> 1 lata (2.8 onzas) de cebollas fritas a la francesa

**1.** Caliente el horno a 350°F.

**2.** Mezcle la sopa, la leche y la pimienta en una cacerola de 2 cuartos (1/2 galón) o un molde para hornear cuadrado de 8 × 8 × 2 pulgadas. Añada las habichuelas tiernas (ejote) y revuelva. Espolvoree con las cebollas.

**3.** Hornee sin tapar de 30 a 40 minutos o hasta que el centro esté caliente.

*\*Habichuelas: también conocidas como ejotes, porotos verdes, judías verdes o vainitas verdes.*

**1 Porción (aproximadamente 3/4 taza):** 160 Calorías (90 Calorías de Grasa); Grasas 10g (Saturada 3g); Colesterol 5mg; Sodio 830mg; Carbohidratos 16g (Fibra Dietética 3g); Proteína 4g **% de Valores Diarios:** Vitamina A 20%; Vitamina C 6%; Calcio 8%; Hierro 10% **Intercambios:** 1/2 Almidón, 2 Vegetales, 1 1/2 Grasas **Opciones de Carbohidratos:** 1

# Glazed Carrots
## *Zanahorias Glaseadas*

**PREP:** 20 min **COOK:** 15 min ▪ **6 SERVINGS**

*It's easy to shortcut the prep time by substituting fresh baby-cut carrots for the julienne carrots. Or use 1¹/2 bags (16-ounce size) frozen sliced carrots and cook as directed on the package.*

1¹/2 pounds carrots, cut into julienne strips
¹/3 cup packed brown sugar
2 tablespoons butter or margarine
¹/2 teaspoon salt
¹/2 teaspoon grated orange peel

1. Heat 1 inch water to boiling in 2-quart saucepan. Add carrots. Heat to boiling; reduce heat. Simmer uncovered 6 to 9 minutes or until crisp-tender. Drain and reserve.

2. Cook remaining ingredients in 12-inch skillet over medium heat, stirring constantly, until bubbly.

3. Stir in carrots. Cook over low heat about 5 minutes, stirring occasionally, until carrots are glazed and hot.

**1 Serving:** Calories 130 (Calories from Fat 35); Fat 4g (Saturated 2g); Cholesterol 10mg; Sodium 260mg; Carbohydrate 22g (Dietary Fiber 3g); Protein 1g **% Daily Value:** Vitamin A 100%; Vitamin C 8%; Calcium 4%; Iron 4% **Exchanges:** 1 Other Carbohydrates, 1 Vegetable, 1 Fat **Carbohydrate Choices:** 1¹/2

# Zanahorias Glaseadas
## *Glazed Carrots*

**PREPARACIÓN:** 20 min **COCCIÓN:** 15 min ■ **RINDE 6 PORCIONES**

*Es fácil disminuir el tiempo de preparación reemplazando las zanahorias pequeñas frescas por zanahorias cortadas en tiras finas. También puede utilizar 1$^1$/$_2$ bolsas (de 16 onzas) de zanahorias en rebanadas congeladas y cocerlas siguiendo las instrucciones del paquete.*

1$^1$/$_2$ libras de zanahorias, cortadas en tiras finitas estilo sopa Juliana
$^1$/$_3$ taza de azúcar morena comprimida
2 cucharadas de mantequilla o margarina
$^1$/$_2$ cucharadita de sal
$^1$/$_2$ cucharadita de cáscara de naranja rallada

**1.** Caliente 1 pulgada de agua hasta hervir en una cacerola de 2 cuartos ($^1$/$_2$ galón). Añada las zanahorias. Caliente hasta hervir; luego reduzca el fuego. Cocine a fuego bajo sin tapar durante 6 a 9 minutos o hasta que queden tiernas y crujientes. Escurra y reserve.

**2.** Cocine los ingredientes restantes en una sartén de 12 pulgadas a fuego medio, revolviendo constantemente, hasta que se formen burbujas.

**3.** Añada las zanahorias y revuelva. Cocine a fuego bajo por 5 minutos, revolviendo ocasionalmente, hasta que las zanahorias queden glaseadas y calientes.

**1 Porción:** 130 Calorías (35 Calorías de Grasa); Grasas 4g (Saturada 2g); Colesterol 10mg; Sodio 260mg; Carbohidratos 22g (Fibra Dietética 3g); Proteína 1g **% de Valores Diarios:** Vitamina A 100%; Vitamina C 8%; Calcio 4%; Hierro 4% **Intercambios:** 1 Otros Carbohidratos, 1 Vegetal, 1 Grasa **Opciones de Carbohidratos:** 1$^1$/$_2$

# Oven-Fried Potato Wedges
*Papas Fritas al Horno*

# Papas Fritas al Horno
*Oven-Fried Potato Wedges*

**PREP:** 10 min **BAKE:** 30 min ▪ **4 SERVINGS**

**PREPARACIÓN:** 10 min **HORNEAR:** 30 min ▪ **RINDE 4 PORCIONES**

*If you love seasoned French fries but not the fat, then you'll love this recipe for making them from scratch— and they're so easy! The wedges of potato are sprayed with cooking spray, sprinkled with seasonings and baked in the oven instead of being deep-fried.*

*Si le gustan las papas fritas condimentadas pero no la grasa, le encantará esta receta para hacerlas desde el principio y ¡son tan fáciles de preparar! Los gajos de papa se rocían con aceite para cocinar, se espolvorean con condimentos y se hornean en lugar de freírlos en aceite.*

> 3/4 teaspoon salt
> 1/2 teaspoon sugar
> 1/2 teaspoon paprika
> 1/4 teaspoon ground mustard
> 1/4 teaspoon garlic powder
> 3 medium unpeeled Idaho or russet baking potatoes (8 to 10 ounces each)
> Cooking spray

> 3/4 cucharadita de sal
> 1/2 cucharada de azúcar
> 1/2 cucharadita de paprika
> 1/4 cucharadita de mostaza en polvo
> 1/4 cucharadita de ajo en polvo
> 3 papas medianas, tipo "Idaho" o "Russet" con cáscara, para hornear (8 a 10 onzas cada una)
> Aceite para cocinar en aerosol

**1.** Heat oven to 425°F. In small bowl, mix salt, sugar, paprika, mustard and garlic powder.

**2.** Gently scrub potatoes, but do not peel. Cut each potato lengthwise in half; cut each half lengthwise into 4 wedges. Place potato wedges, skin sides down, in ungreased 13 × 9-inch pan.

**3.** Spray potatoes with cooking spray until lightly coated. Sprinkle with salt mixture.

**4.** Bake uncovered 25 to 30 minutes or until potatoes are tender when pierced with a fork. (Baking time will vary depending on the size and type of potato used.)

**1 Serving:** Calories 90 (Calories from Fat 0); Fat 0g (Saturated 0g); Cholesterol 0mg; Sodium 450mg; Carbohydrate 20g (Dietary Fiber 2g); Protein 2g **% Daily Value:** Vitamin A 0%; Vitamin C 6%; Calcium 0%; Iron 6% **Exchanges:** 1 Starch **Carbohydrate Choices:** 1

**1.** Caliente el horno a 425°F. En un recipiente pequeño mezcle la sal, azúcar, paprika, mostaza y el ajo en polvo.

**2.** Frote las papas suavemente, pero no las pele. Corte cada papa a lo largo por la mitad, corte cada mitad a lo largo en cuatro gajos. Coloque los gajos de papa con la cáscara hacia abajo en un molde de 13 × 9 pulgadas.

**3.** Rocíe las papas con aceite para cocinar hasta que estén ligeramente cubiertas. Espolvoree con la mezcla de sal.

**4.** Hornee sin cubrir de 25 a 30 minutos o hasta que las papas estén tiernas cuando las perfore con un tenedor. (El tiempo de cocción en el horno depende del tamaño y tipo de papas que se utilice).

**1 Porción:** 90 Calorías (0 Calorías de Grasa); Grasas 0g (Saturada 0g); Colesterol 0mg; Sodio 450mg; Carbohidratos 20g (Fibra Dietética 2g); Proteína 2g **% de Valores Diarios:** Vitamina A 0%; Vitamina C 6%; Calcio 0%; Hierro 6% **Intercambios:** 1 Almidón **Opciones de Carbohidratos:** 1

# Caesar Salad

*Ensalada César*

**PREP:** 15 min ■ **6 SERVINGS**

*Legend has it that this well-known salad was created by Caesar Cardini, an Italian chef who owned a restaurant in the border town of Tijuana, Mexico. See photo on page 62.*

1 clove garlic, cut in half
8 anchovy fillets, cut up*
$1/3$ cup olive or vegetable oil
3 tablespoons lemon juice
1 teaspoon Worcestershire sauce
$1/4$ teaspoon salt
$1/4$ teaspoon ground mustard
Freshly ground pepper
1 large or 2 small bunches romaine, torn into bite-size pieces (10 cups)
1 cup garlic-flavored croutons
$1/3$ cup grated Parmesan cheese

**1.** Rub large wooden salad bowl with cut clove of garlic. Allow a few small pieces of garlic to remain in bowl if desired.

**2.** Mix anchovies, oil, lemon juice, Worcestershire sauce, salt, mustard and pepper in salad bowl.

**3.** Add romaine; toss until coated. Sprinkle with croutons and cheese; toss. Serve immediately.

*\* 2 teaspoons anchovy paste can be substituted for the anchovy fillets.*

**1 Serving (about 1$3/4$ cups):** Calories 195 (Calories from Fat 145); Fat 16g (Saturated 3g); Cholesterol 10mg; Sodium 500mg; Carbohydrate 7g (Dietary Fiber 2g); Protein 6g  **% Daily Value:** Vitamin A 40%; Vitamin C 40%; Calcium 12%; Iron 8%  **Exchanges:** 1$1/2$ Vegetable, $1/2$ High-Fat Meat, 2$1/2$ Fat  **Carbohydrate Choices:** $1/2$

# Ensalada César
*Caesar Salad*

**PREPARACIÓN:** 15 min ■ **RINDE 6 PORCIONES**

*Dice la tradición que esta conocida ensalada fue creada por César Cardini, un chef italiano, propietario de un restaurante en la ciudad fronteriza de Tijuana, México. Vea la foto en la página 62.*

1 diente de ajo, cortado por la mitad
8 filetes de anchoas, sin espinas*
$1/3$ taza de aceite de oliva o vegetal
3 cucharadas de jugo de limón
1 cucharadita de salsa inglesa "Worcestershire"
$1/4$ cucharadita de sal
$1/4$ cucharadita de mostaza en polvo
Pimienta recién molida
1 cabeza grande o 2 cabezas pequeñas de lechuga romana, partidas en trozos de tamaño bocado (10 tazas)
1 taza de cubitos de pan o "croutons" con sabor a ajo
$1/3$ taza de queso Parmesano rallado

**1.** Frote una ensaladera grande de madera con el diente de ajo cortado. Si desea, deje algunos trozos de ajo en la ensaladera.

**2.** Mezcle las anchoas, el aceite, el jugo de limón, la salsa inglesa, la sal, la mostaza y la pimienta en la ensaladera.

**3.** Añada la lechuga romana, revuelva hasta que esté totalmente cubierta por la mezcla. Espolvoree con los cubitos de pan y el queso; revuelva. Sirva inmediatamente.

*\* 2 cucharaditas de pasta de anchoas pueden reemplazar a los filetes de anchoas.*

**1 Porción (aproximadamente 1³/₄ tazas):** 195 Calorías (145 Calorías de Grasa); Grasas 16g (Saturada 3g); Colesterol 10mg; Sodio 500mg; Carbohidratos 7g (Fibra Dietética 2g); Proteína 6g **% de Valores Diarios:** Vitamina A 40%; Vitamina C 40%; Calcio 12%; Hierro 8%
**Intercambios:** 1¹/₂ Vegetales, ¹/₂ Carne con Alto Contenido de Grasa, 2¹/₂ Grasas **Opciones de Carbohidratos:** ¹/₂

**Caesar Salad (page 60)**   ▣   **Ensalada César (página 61)**   ▼

▼ Seven-Layer Salad (page 64) ▣ Ensalada de Siete Capas (página 65)

# Seven-Layer Salad
*Ensalada de Siete Capas*

**PREP:** 25 min **CHILL:** 2 hr ■ **6 SERVINGS**

*Many of the creamier dressings call for mayonnaise or salad dressing. What's the difference? Although very similar in flavor and appearance, salad dressing is usually a bit sweeter than mayonnaise. See photo on page 63.*

> 1 box (9 ounces) frozen green peas
> 6 cups bite-size pieces mixed salad greens
> 2 medium stalks celery, thinly sliced (1 cup)
> 1 cup thinly sliced radishes
> 8 medium green onions, sliced (1/2 cup)
> 12 slices bacon, crisply cooked and crumbled (3/4 cup)
> 1 1/2 cups mayonnaise or salad dressing
> 1/2 cup grated Parmesan cheese or shredded Cheddar cheese (2 ounces)

**1.** Cook peas as directed on box; rinse with cold water and drain.

**2.** Place salad greens in large glass bowl. Layer celery, radishes, onions, bacon and peas on salad greens.

**3.** Spread mayonnaise over peas, covering top completely and sealing to edge of bowl. Sprinkle with cheese.

**4.** Cover and refrigerate at least 2 hours to blend flavors, but no longer than 12 hours. Toss before serving, if desired. Store covered in refrigerator.

**1 Serving (about 1 1/4 cups):** Calories 575 (Calories from Fat 480); Fat 52g (Saturated 10g); Cholesterol 50mg; Sodium 740mg; Carbohydrate 12g (Dietary Fiber 5g); Protein 12g **% Daily Value:** Vitamin A 44%; Vitamin C 38%; Calcium 18%; Iron 12% **Exchanges:** 2 Vegetable, 1 High-Fat Meat, 9 1/2 Fat **Carbohydrate Choices:** 1

# Ensalada de Siete Capas
## *Seven-Layer Salad*

**PREPARACIÓN:** 25 min **REFRIGERACIÓN:** 2 horas ■ **RINDE 6 PORCIONES**

*Muchos de los aderezos más cremosos requieren mayonesa o aderezo para ensaladas. ¿Cuál es la diferencia? Aunque en sabor y apariencia son muy similares, por lo general el aderezo para ensaladas es un poco más dulce que la mayonesa. Vea la foto en la página 63.*

1 caja (9 onzas) de chícharos/guisantes congelados
6 tazas de ensalada verde mixta en trozos de tamaño bocado
2 tallos medianos de apio, finamente rebanados (1 taza)
1 taza de rábanos finamente rebanados
8 cebollitas verdes medianas, en rebanadas ($1/2$ taza)
12 lonjas de tocino, cocido, crujiente y en trozos pequeños ($3/4$ taza)
$1^1/2$ tazas de mayonesa o aderezo para ensaladas
$1/2$ taza de queso Parmesano o "Cheddar" rallado (2 onzas)

**1.** Cocine los chícharos/guisantes según las instrucciones del paquete, enjuague con agua fría y escurra.

**2.** Coloque la ensalada verde en un recipiente o ensaladera muy grande de vidrio. Coloque el apio, los rábanos, las cebollas, el tocino y los chícharos/guisantes formando capas sobre la ensalada verde.

**3.** Extienda la mayonesa sobre los chícharos/guisantes, cubriéndolos completamente por encima y sellando hasta el borde de la ensaladera. Espolvoree con queso.

**4.** Cubra y refrigere por lo menos 2 horas para mezclar los sabores, pero no refrigere más de 12 horas. Si desea, mezcle antes de servir. Cubra y mantenga la ensalada refrigerada.

**1 Porción (aproximadamente $1^1/4$ tazas):** 575 Calorías (480 Calorías de Grasa); Grasas 52g (Saturada 10g); Colesterol 50mg; Sodio 740mg; Carbohidratos 12g (Fibra Dietética 5g); Proteína 12g **% de Valores Diarios:** Vitamina A 44%; Vitamina C 38%; Calcio 18%; Hierro 12%
**Intercambios:** 2 Vegetales, 1 Carne con Alto Contenido de Grasa, $9^1/2$ Grasas **Opciones de Carbohidratos:** 1

# Three-Bean Salad
*Ensalada de Tres Legumbres*

**PREP:** 20 min **CHILL:** 3 hr ■ **6 SERVINGS**

*You can also use purchased Italian dressing in place of the homemade if you prefer.*

1 cup Italian Dressing (below)
1 can (15 to 16 ounces) cut green beans, drained
1 can (15 to 16 ounces) wax beans, drained
1 can (15 to 16 ounces) kidney, black or garbanzo beans, rinsed and drained
4 medium green onions, chopped (1/4 cup)
1/4 cup chopped fresh parsley
1 tablespoon sugar
2 cloves garlic, finely chopped

**1.** Make Italian dressing. Remove 1 cup dressing; set aside. Cover and refrigerate remaining dressing to use for other salads. Shake before using.

**2.** Mix beans, onions and parsley in medium glass or plastic bowl.

**3.** In small bowl, mix the 1 cup dressing, sugar and garlic. Pour over salad; toss. Cover and refrigerate at least 3 hours to blend flavors, stirring occasionally.

**4.** Just before serving, spoon bean mixture into bowl with slotted spoon.

## Italian Dressing

1 cup olive or vegetable oil
1/4 cup white or cider vinegar
2 tablespoons finely chopped onion
1 tablespoon chopped fresh or 1 teaspoon dried basil leaves
1 teaspoon sugar
1 teaspoon ground mustard
1/2 teaspoon salt
1/2 teaspoon dried oregano leaves
1/4 teaspoon pepper
2 cloves garlic, finely chopped

In tightly covered container, shake all ingredients. Shake before serving.

**1 Serving (about 3/4 cup):** Calories 430 (Calories from Fat 250); Fat 28g (Saturated 4g); Cholesterol 0mg; Sodium 1,900mg; Carbohydrate 48g (Dietary Fiber 16g); Protein 13g **% Daily Value:** Vitamin A 8%; Vitamin C 58%; Calcium 18%; Iron 44% **Exchanges:** 2 1/2 Starch, 2 Vegetable, 4 Fat **Carbohydrate Choices:** 3

# Ensalada de Tres Legumbres
## *Three-Bean Salad*

**PREPARACIÓN:** 20 min **REFRIGERACIÓN:** 3 horas ■ **RINDE 6 PORCIONES**

*Si prefiere, también puede usar aderezo italiano comprado en vez de prepararlo en casa.*

- 1 taza de Aderezo Italiano (vea abajo)
- 1 lata (15 onzas a 16 onzas) de habichuelas tiernas (ejote)*, escurridas
- 1 lata (15 onzas a 16 onzas) de habas "wax beans", escurridas
- 1 lata (15 onzas a 16 onzas) de habichuelas/frijoles rojos o negros o garbanzos, enjuagados y escurridos
- 4 cebollitas verdes medianas, picadas (1/4 taza)
- 1/4 taza de perejil fresco picado
- 1 cucharada de azúcar
- 2 dientes de ajo, finamente picados

**1.** Prepare el Aderezo Italiano. Retire 1 taza de aderezo y reserve. Tape y refrigere el aderezo sobrante para utilizarlo en otras ensaladas. Agite antes de usar.

**2.** Mezcle los tres tipos de legumbres, las cebollas y el perejil en un recipiente mediano de vidrio o plástico.

**3.** En un recipiente pequeño, mezcle la taza de aderezo que reservó, el azúcar y ajo. Vierta sobre la ensalada; revuelva. Tape y refrigere por lo menos 3 horas para mezclar los sabores, revolviendo ocasionalmente.

**4.** Justo antes de servir, pase la mezcla de legumbres al recipiente con una espumadera.

## Aderezo Italiano

- 1 taza de aceite de oliva o vegetal
- 1/4 taza de vinagre blanco o de manzana
- 2 cucharadas de cebolla finamente picada
- 1 cucharada de hojas de albahaca fresca picada o seca
- 1 cucharadita de azúcar
- 1 cucharadita de mostaza en polvo
- 1/2 cucharadita de sal
- 1/2 cucharadita de hojas de orégano seco
- 1/4 cucharadita de pimienta
- 2 dientes de ajo, finamente picados

Agite todos los ingredientes en un recipiente herméticamente cerrado. Agite antes de servir.

*\*Habichuelas tiernas: también conocidas como ejotes, porotos, judías o vainitas verdes.*

**1 Porción (aproximadamente 3/4 taza):** 430 Calorías (250 Calorías de Grasa); Grasas 28g (Saturada 4g); Colesterol 0mg; Sodio 1,900mg; Carbohidratos 48g (Fibra Dietética 16g); Proteína 13g **% de Valores Diarios:** Vitamina A 8%; Vitamina C 58%; Calcio 18%; Hierro 44% **Intercambios:** 2 1/2 Almidones, 2 Vegetales, 4 Grasas **Opciones de Carbohidratos:** 3

# Carrot Cake

*Pastel/Bizcocho de Zanahoria*

**PREP:** 20 min **BAKE:** 45 min **COOL:** 1 hr 10 min ▪ **12 TO 16** SERVINGS

*Another way to use vegetables in this moist spice cake is to substitute 3 cups shredded zucchini for the carrots.*

1$^1$/$_2$ cups sugar
1 cup vegetable oil
3 large eggs
2 cups all-purpose flour*
2 teaspoons ground cinnamon
1 teaspoon baking soda
1 teaspoon vanilla
$^1$/$_2$ teaspoon salt
3 cups shredded carrots (5 medium)
1 cup coarsely chopped nuts
Cream Cheese Frosting (right), if desired

1. Heat oven to 350°F. Grease bottom and sides of 13 × 9-inch pan, or 2 round 8-inch or 9-inch pans with shortening; lightly flour.

2. Beat sugar, oil and eggs in large bowl with electric mixer on low speed about 30 seconds or until blended. Add remaining ingredients except carrots, nuts and Cream Cheese Frosting; beat on low speed 1 minute. Stir in carrots and nuts. Pour into pan(s).

3. Bake 13 × 9-inch pan 40 to 45 minutes, rounds 30 to 35 minutes, or until toothpick inserted in center comes out clean. Cool rectangle in pan on wire rack. Cool rounds 10 minutes; remove from pans to wire rack. Cool completely, about 1 hour.

4. Frost 13 × 9-inch cake or fill round layers and frost with Cream Cheese Frosting. Store covered in refrigerator.

## Cream Cheese Frosting

1 package (8 ounces) cream cheese, softened
$^1$/$_4$ cup butter or margarine
2 to 3 teaspoons milk
1 teaspoon vanilla
4 cups powdered sugar

Beat cream cheese, butter, milk and vanilla in medium bowl with electric mixer on low speed until smooth. Gradually beat in powdered sugar, 1 cup at a time, on low speed until smooth and spreadable.

*\*If using self-rising flour, omit baking soda and salt.*

**1 Serving:** Calories 440 (Calories from Fat 235); Fat 26g (Saturated 4g); Cholesterol 55mg; Sodium 230mg; Carbohydrate 46g (Dietary Fiber 2g); Protein 5g  **% Daily Value:** Vitamin A 44%; Vitamin C 2%; Calcium 2%; Iron 8% **Exchanges:** 2 Starch, 1 Other Carbohydrates, 5 Fat **Carbohydrate Choices:** 3

**PINEAPPLE-CARROT CAKE** Add 1 can (8 ounces) crushed pineapple, drained, and $^1$/$_2$ cup flaked or shredded coconut with the carrots.

# Pastel/Bizcocho de Zanahoria
## *Carrot Cake*

**PREPARACIÓN:** 20 min **HORNEAR:** 45 min **ENFRIAR:** 1 hora 10 min ▪ **RINDE DE 12 A 16 PORCIONES**

*Otra manera de utilizar los vegetales en este esponjoso y sabroso Pastel/Bizcocho es sustituyendo 3 tazas de calabacines picados por las zanahorias.*

> 1¹/₂ tazas de azúcar
> 1 taza de aceite vegetal
> 3 huevos grandes
> 2 tazas de harina regular*
> 2 cucharaditas de canela en polvo
> 1 cucharadita de bicarbonato de sodio ("baking soda")
> 1 cucharadita de vainilla
> ¹/₂ cucharadita de sal
> 3 tazas de zanahorias ralladas (5 medianas)
> 1 taza de nueces picadas
> Decorado ("Frosting") de Queso Crema (derecha), si desea

1. Caliente el horno a 350°F. Engrase con manteca vegetal y empolve ligeramente con harina el fondo y los lados de un molde de 13 × 9 pulgadas, o 2 moldes redondos de 8 ó 9 pulgadas.

2. Bata el azúcar, el aceite y los huevos con una batidora eléctrica en un recipiente grande a velocidad baja por unos 30 segundos o hasta que se mezclen bien. Agregue los demás ingredientes, excepto las zanahorias, las nueces y el "Frosting" de Queso Crema; bátalos a velocidad baja por 1 minuto. Añada las zanahorias y las nueces. Vierta la mezcla en el (los) molde(s).

3. Hornee el molde de 13 × 9 pulgadas de 40 a 45 minutos, los moldes redondos de 30 a 35 minutos, o hasta que al insertar un palillo de dientes en el centro, salga limpio. Deje enfriar el Pastel/Bizcocho dentro del molde en la parrilla metálica. Deje enfriar los moldes redondos por 10 minutos; saque los pasteles de los moldes y colóquelos en la parrilla metálica. Deje enfriar completamente por aproximadamente 1 hora.

4. Cubra el Pastel/Bizcocho de 13 × 9 pulgadas o rellene y cubra las capas redondas de Pastel/Bizcocho con el "Frosting" de Queso Crema. Manténgalos cubiertos y refrigerados.

## "Frosting" de Queso Crema

> 1 paquete (8 onzas) de queso crema, suavizado
> ¹/₄ taza de mantequilla o margarina
> 2 a 3 cucharaditas de leche
> 1 cucharadita de vainilla
> 4 tazas de azúcar en polvo

Bata el queso crema, la mantequilla, leche y vainilla con una batidora eléctrica en un recipiente mediano a velocidad baja hasta que se mezclen bien. Agregue y bata el azúcar en polvo poco a poco, a velocidad baja, 1 taza a la vez, hasta que la mezcla quede suave para que se pueda untar.

*\*Si usa harina con levadura, omita el bicarbonato y la sal.*

**1 Porción:** 440 Calorías (235 Calorías de Grasa); Grasas 26g (Saturada 4g); Colesterol 55mg; Sodio 230mg; Carbohidratos 46g (Fibra Dietética 2g); Proteína 5g **% de Valores Diarios:** Vitamina A 44%; Vitamina C 2%; Calcio 2%; Hierro 8% **Intercambios:** 2 Almidones, 1 Otros Carbohidratos, 5 Grasas **Opciones de Carbohidratos:** 3

### PASTEL/BIZCOCHO DE ZANAHORIA CON PIÑA
Agregue 1 lata (8 onzas) de trocitos de piña, escurrida, y ¹/₂ taza de coco rallado con las zanahorias.

# Pastry for Pies
## *Masa para "Pies"*

**PREP:** 20 min ▪ **8 SERVINGS**

*If you like, you can wrap the flattened pastry round in plastic wrap and refrigerate about 30 minutes to firm up the shortening slightly. This will help make the baked pastry more flaky and lets the water absorb evenly throughout the dough. If you refrigerate longer than 30 minutes, let the pastry soften slightly before rolling.*

**One-Crust Pie (9-inch)**
1 cup all-purpose or unbleached flour*
1/2 teaspoon salt
1/3 cup plus 1 tablespoon shortening
2 to 3 tablespoons cold water

**Two-Crust Pie (9-inch)**
2 cups all-purpose or unbleached flour*
1 teaspoon salt
2/3 cup plus 2 tablespoons shortening
4 to 6 tablespoons cold water

1. Mix flour and salt in medium bowl. Cut in shortening, using pastry blender or crisscrossing 2 knives, until particles are size of small peas. Sprinkle with cold water, 1 tablespoon at a time, tossing with fork until all flour is moistened and pastry almost leaves side of bowl (1 to 2 teaspoons more water can be added if necessary).

2. Gather pastry into a ball. Shape into flattened round on lightly floured surface. (For Two-Crust Pie, divide pastry in half and shape into 2 rounds.)

3. Roll pastry on lightly floured surface, using floured rolling pin, into circle 2 inches larger than upside-down 9-inch glass pie plate, or 3 inches larger than 10- or 11-inch tart pan. Fold pastry into fourths and place in pie plate; or roll pastry loosely around rolling pin and transfer to pie plate. Unfold or unroll pastry and ease into plate, pressing firmly against bottom and side and being careful not to stretch pastry, which will cause it to shrink when baked.

*Do not use self-rising flour.*

**1 Serving (one crust):** Calories 145 (Calories from Fat 90); Fat 10g (Saturated 3g); Cholesterol 0mg; Sodium 150mg; Carbohydrate 12g (Dietary Fiber 0g); Protein 2g **% Daily Value:** Vitamin A 0%; Vitamin C 0%; Calcium 0%; Iron 4% **Exchanges:** 1 Starch, 1 1/2 Fat **Carbohydrate Choices:** 1

## One-Crust Unbaked Pie Shell

Trim overhanging edge of pastry 1 inch from rim of pie plate. Fold and roll pastry under, even with plate; flute. To prevent pie crust from becoming soggy, partially bake pastry before adding filling: Heat oven to 425°F. Carefully line pastry with a double thickness of aluminum foil, gently pressing foil to bottom and side of pastry. Let foil extend over edge to prevent excessive browning. Bake 10 minutes; carefully remove foil and bake 2 to 4 minutes longer or until pastry *just begins* to brown and has become set. If crust bubbles, gently push bubbles down with back of spoon. Fill and bake as directed in pie or tart recipe, adjusting oven temperature if necessary.

## One-Crust Baked Pie Shell

Heat oven to 475°F. Trim overhanging edge of pastry 1 inch from rim of pie plate. Fold and roll pastry under, even with plate; flute.

## Two-Crust Pie

Spoon desired filling into pastry-lined 9-inch glass pie plate. Trim overhanging edge of pastry 1/2 inch from rim of plate. Roll other round of pastry. Fold pastry into fourths and cut slits so steam can escape, or cut slits in pastry and roll pastry loosely around rolling pin. Place pastry over filling and unfold or unroll. Trim overhanging edge of top pastry 1 inch from rim of plate. Fold and roll top edge under lower edge, pressing on rim to seal; flute. Bake as directed in pie recipe.

# Masa para "Pies"
## *Pastry for Pies*

**PREPARACIÓN:** 20 min ■ **RINDE 8 PORCIONES**

*Si desea, usted puede envolver la rueda de masa para "pie" en papel plástico y refrigerarla por unos 30 minutos para que la manteca vegetal se endurezca un poco. Esto ayudará a que la masa hojaldrada esté más esponjosa y permita absorber el agua equitativamente a través de la masa. Si la refrigera más de 30 minutos, deje que la masa se suavice un poco antes de amasarla.*

### "Pie" de Corteza Sencilla (9 pulgadas)
1 taza de harina regular o harina cruda*
$^{1}/_{2}$ cucharadita de sal
$^{1}/_{3}$ taza más 1 cucharada de manteca vegetal
2 a 3 cucharadas de agua fría

### "Pie" de Corteza Doble (9 pulgadas)
2 tazas de harina regular o harina cruda*
1 cucharadita de sal
$^{2}/_{3}$ taza más 2 cucharadas de manteca vegetal
4 a 6 cucharadas de agua fría

**1.** Mezcle la harina y la sal en un recipiente mediano. Corte la manteca vegetal usando la batidora de repostería o entrecruzando dos cuchillos, hasta que las partes queden del tamaño de unos chícharos/guisantes pequeños. Espolvoree con agua fría, 1 cucharada a la vez, revolviendo con el tenedor hasta que toda la harina esté húmeda y la masa ya no esté pegada al recipiente (si es necesario, se puede agregar 1 a 2 cucharaditas más de agua).

**2.** Haga una bola de masa. Forme una rueda de masa y aplánela sobre una superficie ligeramente empolvada con harina. (Para "pie" de corteza doble, divida la masa a la mitad y forme 2 ruedas de masa).

**3.** Usando un rodillo con harina, aplane la masa sobre una superficie ligeramente empolvada con harina, formando un círculo de 2 pulgadas más que un plato para "pie" de 9 pulgadas volteado boca abajo, o 3 pulgadas más grande que un plato para "pie" de 10 a 11 pulgadas. Doble la masa en cuartos y colóquela en el molde para "pie"; o enrolle la masa en el rodillo ligeramente y pásela al plato para "pie". Desdoble o desenrolle la masa y póngala en un plato, presionando firmemente contra el fondo y los lados del molde, cuidando de no estirar la masa, lo que causaría que la masa se encogiera al hornearse.

*No use harina con levadura.

**1 Porción (corteza sencilla):** 145 Calorías (90 Calorías de Grasa); Grasas 10g (Saturada 3g); Colesterol 0mg; Sodio 150mg; Carbohidratos 12g (Fibra Dietética 0g); Proteína 2g **% de Valores Diarios:** Vitamina A 0%; Vitamina C 0%; Calcio 0%; Hierro 4% **Intercambios:** 1 Almidón, 1$^{1}/_{2}$ Grasas **Opciones de Carbohidratos:** 1

## Base para Corteza Sencilla Sin Hornear

Corte los bordes sobrantes de la masa a 1 pulgada del borde del molde para "pie". Doble y enrolle la masa hacia abajo, aunque sea con el plato. Para prevenir que la masa para "pie" se apelmace, hornee un poco la masa antes de añadir el relleno. Caliente el horno a 425°F. Cuidadosamente cubra la masa con doble capa de papel aluminio, presionando suavemente el papel aluminio hacia el fondo y los lados de la masa. Deje que el papel aluminio cubra por encima de los bordes para prevenir que se dore demasiado. Hornee por 10 minutos; Quite el papel aluminio cuidadosamente y hornee por 2 a 4 minutos más o justo hasta que la masa se empiece a dorar y esté lista. Si se forman burbujas en la masa, presiónelas hacia abajo suavemente con el revés de una cuchara. Rellene y hornee como se indica en la receta del "pie" o tarta, ajustando la temperatura del horno, si es necesario.

## Base para Corteza Sencilla para Hornear

Caliente el horno a 475°F. Recorte los bordes de la masa a 1 pulgada del borde del plato para "pie". Doble y enrolle la masa hacia abajo, aunque sea con el plato.

## "Pie" de Corteza Doble

Con una cuchara coloque el relleno que desea en una base de un molde para "pie" de 9 pulgadas de vidrio. Recorte los bordes de la masa a $^{1}/_{2}$ pulgada del borde del plato para "pie". Amase otra rueda de masa. Doble la masa en cuartos y haga unos cortes o aberturas en la masa y enrolle la masa ligeramente en el rodillo de amasar. Coloque la masa encima del relleno y desdoble o desenrolle. Recorte bordes sobrantes del molde para "pie" a 1 pulgada del borde del plato. Doble y enrolle el borde superior bajo el borde inferior, presionando en los bordes para sellarlo. Hornee como se indica en la receta de "pie".

# Apple Pie

*"Pie" de Manzana*

**PREP:** 30 min **BAKE:** 50 min **COOL:** 2 hr ■ **8 SERVINGS**

*Looking for a good "pie" apple? Try Braeburn, Cortland, Haralson, Granny Smith, Jonathon, Rome, Golden Delicious or Paula Red apples for mouth-watering results.*

Pastry for Two-Crust Pie (page 70)
1/2 cup sugar
1/4 cup all-purpose flour*
3/4 teaspoon ground cinnamon
1/4 teaspoon ground nutmeg
Dash of salt
6 cups thinly sliced peeled tart apples (6 medium)
2 tablespoons firm butter or margarine, if desired
2 teaspoons water
1 tablespoon sugar

1. Heat oven to 425°F. Make Pastry for Two-Crust Pie.

2. In large bowl, mix 1/2 cup sugar, the flour, cinnamon, nutmeg and salt. Stir in apples. Spoon into pastry-lined pie plate. Cut butter into small pieces; sprinkle over apples. Cover with top pastry that has slits cut in it; seal and flute.

3. Brush top crust with 2 teaspoons water; sprinkle with 1 tablespoon sugar. Cover edge with 2- to 3-inch strip of foil to prevent excessive browning; remove foil during last 15 minutes of baking.

4. Bake 40 to 50 minutes or until crust is golden brown and juice begins to bubble through slits in crust. Cool on wire rack at least 2 hours.

*Do not use self-rising flour.

**1 Serving:** Calories 420 (Calories from Fat 190); Fat 21g (Saturated 7g); Cholesterol 10mg; Sodium 330mg; Carbohydrate 53g (Dietary Fiber 3g); Protein 4g **% Daily Value:** Vitamin A 0%; Vitamin C 2%; Calcium 0%; Iron 10% **Exchanges:** 1 1/2 Starch, 2 Fruit, 4 Fat **Carbohydrate Choices:** 3 1/2

**FRENCH APPLE PIE** Heat oven to 400°F. Make Pastry for One-Crust Pie (page 70). Spoon apple mixture into pastry-lined pie plate. Omit butter, 2 teaspoons water and 1 tablespoon sugar. In small bowl, mix 1 cup all-purpose flour, 1/2 cup packed brown sugar and 1/2 cup firm butter or margarine with fork until crumbly. Sprinkle crumb mixture over apple mixture in pie plate. Cover top of pie with foil during last 10 to 15 minutes of baking, if necessary, to prevent it from becoming too brown. Bake pie 35 to 40 minutes or until golden brown. Serve warm.

# "Pie" de Manzana
## *Apple Pie*

**PREPARACIÓN:** 30 min **HORNEAR:** 50 min **ENFRIAR:** 2 horas ■ **RINDE 8 PORCIONES**

*¿Anda en busca de un buen "pie" de manzana? Pruebe las manzanas Braeburn, Cortland, Haralson, Granny Smith, Jonathon, Rome, Golden Delicious o Paula Red, buenas para resultados que le hacen agua la boca.*

Masa para "Pie" de Corteza Doble (página 71)
1/2 taza de azúcar
1/4 taza de harina regular*
3/4 cucharadita de canela en polvo
1/4 cucharadita de nuez moscada en polvo
Pizca de sal
6 tazas de pulpa de manzanas sin cáscara, cortadas en rebanadas delgadas (6 medianas)
2 cucharadas de mantequilla o margarina, si desea
2 cucharaditas de agua
1 cucharada de azúcar

**1.** Caliente el horno a 425°F. Prepare la masa para "pie" de corteza doble.

**2.** En un recipiente grande, mezcle 1/2 taza de azúcar, la harina, canela, nuez moscada y la sal. Agregue las manzanas y revuelva. Con una cuchara, coloque la mezcla en un molde para "pie". Corte la mantequilla en pedacitos; espolvoree sobre las manzanas. Cubra con la masa de encima que tiene aberturas (hechas con la punta de un cuchillo); selle y presione los bordes.

**3.** Con una brochita, unte la corteza superior con 2 cucharaditas de agua; espolvoree con 1 cucharada de azúcar. Cubra los bordes de la masa con papel aluminio para prevenir que no se doren excesivamente, quítelo durante los últimos 15 minutos de hornear.

**4.** Hornee de 45 a 50 minutos o hasta que la masa se dore un poco y el jugo comience a formar burbujas a través de los cortes de la corteza. Deje enfriar el "pie" en la parrilla del horno por lo menos 2 horas.

*No use harina con levadura.

**1 Porción:** 420 Calorías (190 Calorías de Grasa); Grasas 21g (Saturada 7g); Colesterol 10mg; Sodio 330mg; Carbohidratos 53g (Fibra Dietética 3g); Proteína 4g **% de Valores Diarios:** Vitamina A 0%; Vitamina C 2%; Calcio 0%; Hierro 10% **Intercambios:** 1 1/2 Almidones, 2 Frutas, 4 Grasas **Opciones de Carbohidratos:** 3 1/2

**"PIE" DE MANZANA FRANCÉS** Caliente el horno a 400°F. Prepare la masa para "pie" de corteza sencilla (página 71). Con una cuchara, esparza la mezcla en un molde para "pie". Omita la mantequilla, dos cucharadas de agua y 1 de azúcar. En un recipiente pequeño, mezcle una taza de harina regular, 1/2 taza de azúcar morena y 1/2 taza de mantequilla firme o margarina con un tenedor hasta que se formen bolitas. Espolvoree esta mezcla sobre la mezcla de manzanas en el molde. Cubra el "pie" con papel de aluminio durante los últimos 10 a 15 minutos de hornear, si es necesario, para que no se dore demasiado. Hornee el pie de 35 a 40 minutos o hasta que se dore un poco. Sirva caliente.

# Pineapple Upside-Down Cake

*Pastel/Bizcocho de Piña "Al Revés"*

**PREP:** 15 min **BAKE:** 50 min **COOL:** 15 min ▪ **9 SERVINGS**

*Let the kids help create a fun design on the bottom of the skillet or pan and be surprised when you turn it upside-down. See photo on page 76.*

$^1/_4$ cup butter or margarine
$^2/_3$ cup packed brown sugar
1 can (20 ounces) sliced or crushed pineapple in juice, drained
Maraschino cherries without stem, if desired
$1^1/_3$ cups all-purpose flour*
1 cup granulated sugar
$^1/_3$ cup shortening
$^3/_4$ cup milk
$1^1/_2$ teaspoons baking powder
$^1/_2$ teaspoon salt
1 large egg
Sweetened Whipped Cream (below), if desired

**1.** Heat oven to 350°F.

**2.** Melt butter in 10-inch ovenproof skillet or 9-inch square pan in oven. Sprinkle brown sugar over butter. Arrange pineapple on brown sugar, cutting one or more slices into pieces if necessary. Place cherry in center of each pineapple slice.

**3.** Beat remaining ingredients except Sweetened Whipped Cream with electric mixer on low speed 30 seconds, scraping bowl constantly. Beat on high speed 3 minutes, scraping bowl occasionally. Pour over pineapple.

**4.** Bake skillet 45 to 50 minutes, square pan 50 to 55 minutes, or until toothpick inserted in center comes out clean.

**5.** Immediately turn upside down onto heatproof plate. Let skillet or pan remain over cake a few minutes so brown sugar topping can drizzle over cake. Cool 15 minutes. Serve warm with Sweetened Whipped Cream.

## Sweetened Whipped Cream

In chilled small bowl, beat $^1/_2$ cup whipping (heavy) cream and 1 tablespoon granulated or powdered sugar with electric mixer on high speed until soft peaks form.

*\*If using self-rising flour, omit baking powder and salt.*

**1 Serving:** Calories 390 (Calories from Fat 125); Fat 14g (Saturated 6g); Cholesterol 40mg; Sodium 270mg; Carbohydrate 63g (Dietary Fiber 1g); Protein 4g **% Daily Value:** Vitamin A 6%; Vitamin C 4%; Calcium 10%; Iron 8% **Exchanges:** 1 Starch, 1 Fruit, 2 Other Carbohydrates, 3 Fat **Carbohydrate Choices:** 4

# Pastel/Bizcocho de Piña "Al Revés"
## *Pineapple Upside-Down Cake*

**PREPARACIÓN:** 15 min **HORNEAR:** 50 min **ENFRIAR:** 15 min  ■  **RINDE 9 PORCIONES**

*Deje que los niños le ayuden a crear un diseño divertido en el fondo del sartén o molde y sorpréndase cuando lo volteen al revés. Vea la foto en la página 76.*

¹/₄ taza de mantequilla o margarina
²/₃ taza de azúcar morena comprimida
1 lata (20 onzas) de piña en trocitos o rebanadas en su jugo, escurrida
Cerezas Maraschino sin los tallos, si desea
1¹/₃ tazas de harina regular*
1 taza de azúcar granulada
¹/₃ taza de manteca vegetal
³/₄ taza de leche
1¹/₂ cucharaditas de polvo de hornear
¹/₂ cucharadita de sal
1 huevo grande
Crema Batida Endulzada (vea abajo), si desea

**1.** Caliente el horno a 350°F.

**2.** Derrita la mantequilla en el horno en una sartén para horno de 10 pulgadas o en un molde cuadrado de 9 pulgadas. Espolvoree azúcar morena sobre la mantequilla. Acomode la piña sobre el azúcar morena, cortando en pedacitos una o más rebanadas según sea necesario. Coloque una cereza en cada rebanada de piña.

**3.** Bata los demás ingredientes, excepto la Crema Batida Endulzada con una batidora eléctrica a velocidad baja por 30 segundos, raspando el recipiente constantemente. Bata a velocidad alta por 3 minutos, raspando el recipiente ocasionalmente. Vierta sobre la piña.

**4.** Hornee el sartén de 45 a 50 minutos, el molde cuadrado de 50 a 55 minutos, o hasta que al insertar un palillo de dientes en el centro, salga limpio.

**5.** Inmediatamente voltee boca abajo sobre un plato que resista el calor. Deje el sartén o molde sobre el pastel/bizcocho unos cuantos minutos para que el azúcar morena caiga sobre el pastel. Deje enfriar por 15 minutos. Sirva caliente con Crema Batida Endulzada.

## Crema Batida Endulzada

En un recipiente pequeño previamente refrigerado, bata ¹/₂ taza de crema para batir (espesa) y 1 cucharada de azúcar granulada o en polvo con una batidora eléctrica a velocidad alta hasta que se formen picos suaves.

*\*Si usa harina con levadura, omita el polvo de hornear y la sal.*

**1 Porción:** 390 Calorías (125 Calorías de Grasa); Grasas 14g (Saturada 6g); Colesterol 40mg; Sodio 270mg; Carbohidratos 63g (Fibra Dietética 1g); Proteína 4g **% de Valores Diarios:** Vitamina A 6%; Vitamina C 4%; Calcio 10%; Hierro 8% **Intercambios:** 1 Almidón, 1 Fruta, 2 Otros Carbohidratos, 3 Grasas **Opciones de Carbohidratos:** 4

**Pineapple Upside-Down Cake (page 74)** ▦ **Pastel/Bizcocho de Piña "Al Revés" (página 75)** ▼

▼ **Hot Fudge Sundae Cake (page 78)**    **Pastel/Bizcocho con Helado y Salsa de Chocolate (página 77)**

# Hot Fudge Sundae Cake

*Pastel/Bizcocho con Helado y Salsa de Chocolate*

**PREP:** 20 min **BAKE:** 40 min **COOL:** 10 min ▪ **9 SERVINGS**

*This special dessert separates into two layers as it bakes and becomes a fudge sauce topped with cake. See photo on page 77.*

1 cup all-purpose flour*
3/4 cup granulated sugar
2 tablespoons baking cocoa
2 teaspoons baking powder
1/4 teaspoon salt
1/2 cup milk
2 tablespoons vegetable oil
1 teaspoon vanilla
1 cup chopped nuts, if desired
1 cup packed brown sugar
1/4 cup baking cocoa
1 3/4 cups very hot water
Ice cream, if desired

**1.** Heat oven to 350°F.

**2.** Mix flour, granulated sugar, 2 tablespoons cocoa, the baking powder and salt in ungreased 9-inch square pan. Mix in milk, oil and vanilla with fork until smooth. Stir in nuts. Spread in pan.

**3.** Sprinkle brown sugar and 1/4 cup cocoa over batter. Pour water evenly over batter.

**4.** Bake about 40 minutes or until top is dry. Cool 10 minutes.

**5.** Spoon warm cake into dessert dishes. Top with ice cream. Spoon sauce from pan onto each serving.

*If using self-rising flour, omit baking powder and salt.*

**1 Serving:** Calories 195 (Calories from Fat 70); Fat 8g (Saturated 4g); Cholesterol 120mg; Sodium 135mg; Carbohydrate 26g (Dietary Fiber 2g); Protein 7g  **% Daily Value:** Vitamin A 8%; Vitamin C 0%; Calcium 6%; Iron 6%  **Exchanges:** 2 Starch, 1 Fat **Carbohydrate Choices:** 2

# Pastel/Bizcocho con Helado y Salsa de Chocolate
## Hot Fudge Sundae Cake

**PREPARACIÓN:** 20 min **HORNEAR:** 40 min **ENFRIAR:** 10 min ■ **RINDE 9 PORCIONES**

*Este postre especial se separa en dos capas cuando se hornea y se convierte en una salsa de chocolate cubierta con pastel/bizcocho. Vea la foto en la página 77.*

1 taza de harina regular*
$^3/_4$ taza de azúcar granulada
2 cucharadas de cacao para hornear en polvo
2 cucharaditas de polvo de hornear
$^1/_4$ cucharadita de sal
$^1/_2$ taza de leche
2 cucharadas de aceite vegetal
1 cucharadita de vainilla
1 taza de nueces picadas, si desea
1 taza de azúcar morena comprimida
$^1/_4$ taza de cacao para hornear en polvo
$1^3/_4$ tazas de agua muy caliente
Helado, si desea

**1.** Caliente el horno a 350°F.

**2.** Mezcle la harina, azúcar granulada, 2 cucharadas de cacao, el polvo de hornear y la sal en un molde cuadrado de 9 pulgadas sin engrasar. Agregue y mezcle la leche, el aceite y la vainilla con un tenedor hasta que la mezcle se suavice. Agregue las nueces. Unte en el molde.

**3.** Espolvoree el azúcar morena y $^1/_4$ taza de cacao sobre la mezcla. Vierta el agua equitativamente sobre la mezcla.

**4.** Hornee por unos 40 minutos o hasta que se seque por encima. Deje enfriar por 10 minutos.

**5.** Con una cuchara, coloque el Pastel/Bizcocho caliente en los platos de postre. Cubra con helado. Con una cuchara, saque la salsa del molde y vierta sobre cada ración.

*Si usa harina con levadura, omita el polvo de hornear y la sal.*

**1 Porción:** 195 Calorías (70 Calorías de Grasa); Grasas 8g (Saturada 4g); Colesterol 120mg; Sodio 135mg; Carbohidratos 26g (Fibra Dietética 2g); Proteína 7g **% de Valores Diarios:** Vitamina A 8%; Vitamina C 0%; Calcio 6%; Hierro 6% **Intercambios:** 2 Almidones, 1 Grasa **Opciones de Carbohidratos:** 2

# Toffee Bars

*Barras Crujientes de Caramelo "Toffee"*

**PREP:** 20 min **BAKE:** 30 min **COOL:** 30 min ■ **32 BARS**

*You can use almost any type of nut for these toffee bars. We suggest pecans, almonds or walnuts or choose another favorite. See photo on page 82.*

> 1 cup butter or margarine, softened
> 1 cup packed brown sugar
> 1 teaspoon vanilla
> 1 large egg yolk
> 2 cups all-purpose flour*
> 1/4 teaspoon salt
> 2/3 cup milk chocolate chips or 3 bars (1.55 ounces each) milk chocolate, broken into small pieces
> 1/2 cup chopped nuts

1. Heat oven to 350°F.

2. Mix butter, brown sugar, vanilla and egg yolk in large bowl. Stir in flour and salt. Press dough in ungreased 13 × 9-inch pan.

3. Bake 25 to 30 minutes or until very light brown (crust will be soft). Immediately sprinkle chocolate chips on hot crust. Let stand about 5 minutes or until soft; spread evenly. Sprinkle with nuts. Cool 30 minutes in pan on wire rack. Cut into 8 rows by 4 rows while warm for easiest cutting.

*If using self-rising flour, omit salt.*

**1 Bar:** Calories 135 (Calories from Fat 70); Fat 8g (Saturated 4g); Cholesterol 25mg; Sodium 65mg; Carbohydrate 15g (Dietary Fiber 1g); Protein 1g **% Daily Value:** Vitamin A 4%; Vitamin C 0%; Calcium 2%; Iron 2% **Exchanges:** 1 Other Carbohydrates, 1 1/2 Fat **Carbohydrate Choices:** 1

# Barras Crujientes de Caramelo "Toffee"
## Toffee Bars

**PREPARACIÓN:** 20 min **HORNEAR:** 30 min **ENFRIAR:** 30 min ▪ **RINDE 32 BARRAS**

*Se puede usar casi cualquier tipo de nueces para hacer estar deliciosas barras. Le sugerimos usar almendras, nueces ("pecans" or "walnuts") o las que usted prefiera. Vea la foto en la página 82.*

1 taza de mantequilla o margarina, suavizada
1 taza de azúcar morena, comprimida
1 cucharadita de vainilla
1 yema grande de huevo
2 tazas de harina regular*
1/4 cucharadita de sal
2/3 tazas de "chips" de chocolate o 3 barras (1.55 onzas cada una) de chocolate, partidas en pedacitos
1/2 taza de nueces picadas

**1.** Caliente el horno a 350°F.

**2.** Mezcle la mantequilla, azúcar morena y la yema de huevo en un recipiente grande. Agregue la harina y la sal y revuelva. Presione la masa en un molde de 13 × 9 pulgadas, sin engrasar.

**3.** Hornee de 25 a 30 minutos o hasta que se dore un poco (la corteza estará suave). Inmediatamente, espolvoree los pedacitos de chocolate en la corteza caliente. Déjelos reposar por unos 5 minutos o hasta que se suavicen; esparza uniformemente. Espolvoree con las nueces. Deje enfriar por 30 minutos en el molde sobre la parilla del horno. Corte en líneas de 8 por 4; hágalo cuando está caliente para cortarlas más fácilmente.

*Si usa harina con levadura, omita la sal.*

**1 Barra:** 135 Calorias (70 Calorias de Grasa); Grasas 8g (Saturada 4g); Colesterol 25mg; Sodio 65mg; Carbohidratos 15g (Fibra Dietética 1g); Proteína 1g  **% de Valores Diarios:** Vitamina A 4%; Vitamina C 0%; Calcio 2%; Hierro 2%  **Intercambios:** 1 Otros Carbohidratos, 1 1/2 Grasas  **Opciones de Carbohidratos:** 1

**Toffee Bars (page 80)** ▣ **Barras Crujientes de Caramelo "Toffee" (página 81)** ▼

▼ **Peanut Butter Cookies (page 84)**  **Galletas de Mantequilla de Maní (página 85)**

# Peanut Butter Cookies
*Galletas de Mantequilla de Maní*

**PREP:** 15 min **BAKE:** 9 to 10 min per sheet **COOL:** 5 min ▪ **ABOUT 2¹/₂ DOZEN**

*Vary the patterns on your peanut butter cookies. For a new look, try using the bottom of a cut-crystal glass, a potato masher or cookie stamp. See photo on page 83.*

¹/₂ cup granulated sugar
¹/₂ cup packed brown sugar
¹/₂ cup peanut butter
¹/₄ cup shortening
¹/₄ cup butter or margarine, softened
1 large egg
1¹/₄ cups all-purpose flour*
³/₄ teaspoon baking soda
¹/₂ teaspoon baking powder
¹/₄ teaspoon salt
Granulated sugar

**1.** Heat oven to 375°F.

**2.** Beat ¹/₂ cup granulated sugar, the brown sugar, peanut butter, shortening, butter and egg in large bowl with electric mixer on medium speed, or mix with spoon. Stir in flour, baking soda, baking powder and salt.

**3.** Shape dough into 1¹/₄-inch balls. Place about 3 inches apart on ungreased cookie sheet. Flatten in crisscross pattern with fork dipped in granulated sugar.

**4.** Bake 9 to 10 minutes or until light brown. Cool 5 minutes; remove from cookie sheet to wire rack.

*\*If using self-rising flour, omit baking soda, baking powder and salt.*

**1 Cookie:** Calories 115 (Calories from Fat 55); Fat 6g (Saturated 2g); Cholesterol 10mg; Sodium 95mg; Carbohydrate 13g (Dietary Fiber 0g); Protein 2g **% Daily Value:** Vitamin A 0%; Vitamin C 0%; Calcium 0%; Iron 2% **Exchanges:** 1 Starch, 1 Fat **Carbohydrate Choices:** 1

# Galletas de Mantequilla de Maní
## *Peanut Butter Cookies*

**PREPARACIÓN:** 15 min **HORNEAR:** 9 a 10 min por bandeja **ENFRIAR:** 5 min ■ **RINDE APROXIMADAMENTE 2¹/₂ DOCENAS**

*Varíe el diseño de sus galletas de mantequilla de maní. Para un nuevo estilo, trate de usar el fondo de un vaso de cristal cortado, un prensa-papas o un sello para diseños de galletas. Vea la foto en la página 83.*

> ¹/₂ taza de azúcar granulada
> ¹/₂ taza de azúcar morena, comprimida
> ¹/₂ taza de mantequilla de maní
> ¹/₄ taza de manteca vegetal
> ¹/₄ taza de mantequilla o margarina, suavizada
> 1 huevo grande
> 1¹/₄ tazas de harina regular*
> ³/₄ cucharadita de bicarbonato de sodio ("baking soda")
> ¹/₂ cucharadita de polvo de hornear
> ¹/₄ cucharadita de sal
> Azúcar granulada

**1.** Caliente el horno a 375°F.

**2.** Bata ¹/₂ taza de azúcar granulada, el azúcar morena, la mantequilla de maní, manteca vegetal, mantequilla y el huevo en un recipiente grande con una batidora eléctrica a velocidad media, o mézclelos con una cuchara. Agregue la harina, el bicarbonato de sodio, el polvo de hornear y la sal, y revuelva.

**3.** Forme bolitas de masa de 1¹/₄ pulgadas. Colóquelas en una bandeja para hornear galletas sin engrasar, separándolas 3 pulgadas. Aplánelas con un tenedor cubierto de azúcar, haga un diseño entrecruzado en cada una.

**4.** Hornee de 9 a 10 minutos o hasta que se doren un poco. Deje enfriar por 5 minutos; retírelas de la bandeja y colóquelas en una parilla metálica.

*Si usa harina con levadura, omita el bicarbonato de sodio, el polvo de hornear y la sal.*

**1 Galleta:** 115 Calorías (55 Calorías de Grasa); Grasas 6g (Saturada 2g); Colesteroi 10mg; Sodio 95mg; Carbohidratos 13g (Fibra Dietética 0g); Proteina 2g **% de Valores Diarios:** Vitamina A 0%; Vitamina C 0%; Calcio 0%; Hierro 2% **Intercambios:** 1 Almidón, 1 Grasa **Opciones de Carbohidratos:** 1

# Glosario Español-Inglés
# Spanish-English Glossary

## A

**aceite:** oil
**aceite de oliva:** olive oil
**aceituna:** olive
**acomodar:** arrange
**aderezar:** dress (salad)
**aderezo:** dressing (noun)
**afilador:** knife grinder
**agregar / añadir:** add
**agridulce:** sweet and sour
**agrio:** sour
**agrio / ácido:** bitter
**agua de coco:** coconut milk
**aguacate:** avocado
**ahumado:** smoked
**ajo:** garlic
**albahaca:** basil
**albóndiga:** meatball
**alcachofa:** artichoke
**alcaparras:** capers
**almejas:** clams
**almendras:** almonds
**almíbar:** syrup (fruit)
**anchoa:** anchovy
**apagar:** turn off
**apio:** celery
**aplanar o extender con el rodillo:** roll
   out
**aplastar/aplanar:** flatten
**arándano (rojo y agrio):** cranberry
**arroz:** rice
**artículos de cocina:** kitchenware
**n. asado v. asar, rostizar:** roast
**asar a la parrilla o a las brasas:** grill
**asar a la parrilla o en el horno:** broil
**atar:** tie
**atún:** tuna
**avena:** oatmeal
**azafrán:** saffron
**azucar:** sugar
**azúcar blanca de granulado muy
   fino:** caster sugar
**azúcar granulada:** granulated sugar
**azúcar en polvo:** icing sugar

## B

**bacalao:** cod
**bacalao salado:** salt cod

**barbacoa / parrillada:** barbeque
**barra:** loaf
**batidora:** mixer (food mixer)
**batir:** whisk
**bellota:** acorn
**berenjena:** eggplant
**berro:** watercress
**betabel, remolacha, betarraga:** beetroot
**bistec:** steak
**bizcocho o galleta salada (general-
   mente en forma de 8):** pretzel
**borde:** edge
**brócoli, bróculi:** broccoli
**budín, pudín, pudding; (postre):**
   pudding

## C

**cacao (en polvo):** cocoa powder
**calabacín, calabacita (Méx.):** zucchini
**calabaza (Perú) zapallo:** pumpkin
**calamar:** squid
**calentar:** heat, warm
**camarón:** shrimp (small)
**camarón grande, langostino, gambas:**
   prawns
**camarón, gamba:** shrimp (medium)
**camarón, langostino, cigala:** shrimp
   (large)
**camote (Mex.), batata (P.R.), boniato:**
   sweet potato
**canela:** cinnamon
**canelones:** canneloni
**cangrejo (S. Amér) jaiba:** crab
**capa:** layer
**caracol:** snail
**caramelo duro hecho con azúcar y
   mantequilla:** butterscotch
**carne:** meat
**carne de res:** beef
**carne de res picada:** minced beef
**cáscara:** rind
**cáscara o chicharrón de cerdo:** rind
   (pork)
**castaño:** chestnut
**cebolla:** onion
**cebolleta, cebollín, cebolla de verdeo,
   chalote, chalota:** scallion (young
   onion)

**cebolleta, chalote:** shallot
**cebollino:** chive
**cena, comida:** dinner
**v. cepillar n. cepillo:** brush
**cerdo:** pork
**cerdo picado:** mince pork
**champiñones, hongos, setas:** mush-
   rooms
**chocolate:** chocolate
**chorrear un poco:** trickle
**chorrito:** dash
**chuleta, costilla:** chop
**cilantro, culantro:** coriander
**ciruela:** plum
**ciruela pasa (seca):** prune
**clara de huevo:** egg white
**clavo (de olor):** clove
**cocina:** kitchen
**cocinar a fuego lento:** simmer
**cocinar, cocer:** cook
**coco:** coconut
**col:** cabbage
**colador:** strainer
**colar:** strain
**coles de Bruselas:** brussel sprouts
**coliflor:** cauliflower
**colorante alimenticio:** food coloring
**combinar:** combine
**comer algo ligero:** snack (to have a
   snack)
**comino:** cumin
**completamente:** thoroughly
**compota, confitura, mermelada:** preserve (jam, jelly)
**coñac:** brandy
**conchas, cáscaras,:** shells
**condimento, adobo:** seasoning
**congelado:** frozen
**congelador:** freezer
**congelar:** freeze
**conserva:** preserve (fruit in syrup)
**conservante:** preservative
**conservar:** preserve
**consistencia:** consistency
**consomé / caldo:** broth
**corazón de repollo o lechuga:** heart
   (of cabbage, lettuce)
**corazones de alcachofas:** hearts of artichoke

**cordero:** lamb
**cortado en cuatro partes o en cuartos:** quartered
**cortar:** trim
**cortar en cuadritos:** diced
**cortar en rebanadas finas:** thinly slice
**cortar/ trinchar la carne:** carve (meat)
**corte en tiras finas para hacer la sopa de verduras estilo Juliana:** julienne
**costillas:** ribs, spare ribs
**crema:** whipped cream
**crema agria:** sour cream
**crema batida:** cream  (whipped cream)
**crema para batir:** whipping cream
**crema pastelera:** confectioner's custard
**crema, nata:** cream
**crudo:** raw
**crujiente:** crispy
**cuajar:** curdle
**cubito de pan tostado, cuscurro:** crouton
**cubrir:** cover
**n. cuchara v. sacar con cuchara:** spoon
**cuchara (grande o de servir) / cucharada (medida):** tablespoon
**cuchara de medir:** measuring spoon
**cuchara de ranuras o ranurada:** slotted spoon
**cucharada llena:** spoonful
**cucharita, cucharilla (medida) cucharadita:** teaspoon
**cucharones:** ladles
**cuchillo:** knife

# D

**dar la vuelta:** turn
**de grano grueso:** coarse
**de tamaño mediano:** medium-sized
**dehuesado:** boned
**dejar en adobo, marinar:** marinade, marinate
**derretido:** melted
**derretir:** melt
**n. desayuno, v. desayunar:** breakfast
**descansar:** rest
**deshuesado, sin hueso:** boneless
**desnatar o descremar:** skim
**dientes de ajo:** cloves of garlic
**dieta, dietético:** diet (special food)
**dividir en dos, partir por la mitad:** halve
**doblar:** fold
**doble crema:** cream (double cream)
**dona, rosquilla:** doughnut

**dorado:** golden
**dorar:** brown
**dulce:** sweet
**dulce de membrillo:** quince cheese/jelly

# E

**ejotes:** green beans
**empanada, empanadilla:** pastry
**empanada, pastel, (hojaldre relleno de carne, verduras o fruta):** pie
**en lata, enlatado:** canned
**en polvo, molido, pulverizado:** ground
**en rebanadas:** sliced
**en vez de, en lugar de:** instead of
**encargarse del servicio de comida y bebida:** catering (to do the)
**encender:** light
**enchilada :** Enchilada (Mexican tortilla with a meat or cheese filling, served with a tomato and chili sauce)
**endibias:** endives
**endulzante:** sweetener
**endulzar, azucarar:** sweeten
**eneldo:** dill
**enfriar:** chill
**engrasado:** greased
**engrasar con aceite, aceitar:** grease (with oil)
**engrasar o untar con mantequilla, enmantequillar:** grease (with butter)
**v. engrasar:** oil
**enjuagar:** rinse
**entero:** whole
**escaldar:** scald
**escalfado:** poached
**escurrir:** drain
**esencia de vainilla:** vanilla essence
**espagueti:** spaghetti
**espárrago:** asparagus
**espesar:** thicken
**espesura, grueso, grosor:** thickness
**espinacas:** spinach
**espolvorear, salpicar:** sprinkle
**espuma:** foam
**estar/ponerse a dieta:** diet
**estofado:** casserole
**estofado:** stew
**exprimir:** squeeze

# F

**filetes:** fillets
**filo de un cuchillo:** blade of a knife
**finamente / en trocitos:** finely
**formas:** shapes

**fregadero:** kitchen sink
**freír:** fry, stir-fry
**fresa:** strawberry
**frijoles de soya:** bean sprouts (soybean)
**frijoles negros:** black beans
**frijoles refritos:** refried beans
**frijoles, habichuelas, alubias, habas, porotos:** beans, kidney beans
**frotar:** rub
**fruta:** fruit
**a fuego alto:** high heat

# G

**galleta:** cookie
**ganso:** goose
**gelatina:** gelatine
**gelatina:** jelly (as dessert)
**glaseado:** icing
**n. glaseado v. glasear:** glaze
**gourmet, gastrónomo:** gourmet
**granos de pimienta:** peppercorns
**grasa:** grease
**v. gratinar:** grill
**grueso / espeso:** thick
**guarnición:** garnish
**guayaba:** guava
**guisado de carne, estofado al estilo húngaro:** goulash
**guisante, chícharo (Mex.):** pea

# H

**habas:** broad beans
**habas, judías verdes, alubias, caraotas:** lima beans
**(P.R.) habichuelas tiernas (Méx.) ejote:** green beans
**harina:** flour
**harina con levadura:** self-raising
**harina de maíz:** cornflour
**helado:** ice cream
**hervir:** boil
**hierba:** herb
**hígado:** liver
**hinojo:** fennel
**hoja:** leaf
**hoja de laurel:** bayleaf
**hojaldre:** puff pastry
**hojas:** leaves
**hojuelas de maíz tostado:** cornflakes
**hornear, cocer al horno:** bake
**horno:** oven
**hueco:** dent
**hueso / espina de pescado:** bone
**huevo:** egg

**huevo duro:** hard-boiled egg
**huevos revueltos:** scrambled egg

# I

**incorporar algo a algo:** fold into
**ingredientes:** ingredients

# J

**jalea:** jelly (clear jam)
**jamón:** ham
**jamón cocido:** cooked ham
**jengibre:** ginger
**jerez:** sherry
**jugo / zumo:** juice
**jugoso:** juicy

# K

**kiwi (fruto nativo de nueva Zelandia):** kiwi

# L

**lado:** side
**(mar) langosta (pequeña), cigala (río) cangrejo de río:** crayfish
**lata:** can
**lavar:** wash
**leche:** milk
**leche desnatada o descremada:** skimmed milk
**lechoso ‹ coffee / tea › con mucha leche:** milky
**lechuga:** lettuce
**lentamente/ poco a poco / gradual- mente:** gradually
**lentejas:** lentils
**lima:** lime
**limón:** lemon
**lo que se pone encima, acabado final:** topping

# M

**maduro:** ripe
**maíz tierno, elote (Méx), choclo (AmS), jojoto (Ven):** sweetcorn
**majar, hacer puré:** mash
**malteada, batido (de leche):** milk shake
**mandarina, tangerina:** tangerine
**maní, cacahuate (Mex.):** peanut
**manteca, grasa de cerdo:** lard

**mantequilla:** butter
**mantequilla de maní:** peanut butter
**manzana:** apple
**mariscos:** seafood, shellfish
**masa:** dough
**mayonesa:** mayonnaise
**a medio cocer:** rare (meat)
**mejillones:** mussels
**melaza:** molasses
**melocotón, durazno:** peach
**melón (de pulpa verdosa muy dulce):** honeydew melon
**membrillo:** quince
**menta:** mint
**mermelada:** jam
**mezclar:** mix
**mezlar, agitar, revolver (pancake) vol- tear o darle vuelta:** toss (salad)
**miel:** honey, syrup (sugar solution)
**migajas de pan, migas de pan / pan molido:** breadcrumbs
**moler, machacar:** grind
**mondongo, callos, pancita, guatitas:** tripe
**mora:** blackberry
**mora (de morera):** mulberry
**mostaza:** mustard

# N

**naranja:** orange
**naranjita china, quinoto:** kumquat
**nectarina:** nectarine
**nueces:** walnuts
**nuez moscada:** nutmeg
**nutritivo:** nourishing

# O

**olla o cacerola:** saucepan
**omelet, tortilla de huevos:** omelette
**onza (28,35 gramos):** ounce
**orégano:** oregano
**ostra, ostión:** oyster

# P

**pacana, nuez (Mex.):** pecan (nut)
**paletilla, paleta:** shoulder (cut of meat)
**palitos de pan:** bread stick
**palitos de queso:** cheese straws
**pan:** bread
**pan ázimo, pan sin levadura:** unleav- ened (bread)
**pan de molde o de caja:** sliced bread

**pan duro:** stale bread
**pan integral:** brown bread
**pan tostado o tostadas a la francesa / torrijas o torrejas / biscote:** french toast
**"pancake", panqueque:** pancake
**panera (para guardar el pan):** breadbin
**panquecito (Méx.) magdalena (Esp.):** cupcake
**panquecito, panecillo:** muffin
**papa frita:** potato chip
**papas:** potatoes
**papas fritas:** french fries
**papel aluminio:** aluminum foil
**papel aluminio:** foil
**papel de cocina:** kitchen tissue
**paprika, pimentón, pimienta roja:** paprika
**para o de horno:** ovenproof
**parrilla:** grid or gridiron
**pasa (de uva):** raisin
**pasta:** pasta
**paté:** pâté, pate
**pato:** duck
**pavo, guajalote (Méx.), chompipe (C.R.):** turkey
**pechuga:** breast (of chicken)
**pechuga de pollo:** chicken breast
**pedazo grande en forma de gajo o cuña:** wedge
**pelado:** peeled, skinned
**pelador de papas, utensilio para pelar papas:** potato peeler
**pelar:** peel
**pepino:** cucumber
**pepitas (trocitos) de pollo:** chicken nuggets
**perejil:** parsley
**perro caliente:** hot dog
**pescado:** fish
**picante:** spicy
**picar:** chop (cut up)
**v. picar en trocitos:** mince
**n. piel / v. pelar:** skin
**pierna de pollo:** drumstick (chicken)
**pimienta:** pepper
**pimienta cayena:** cayenne pepper
**pimiento rojo:** red pepper
**pimiento verde:** green pepper
**piña:** pineapple
**piñones:** pinenuts
**pizca:** pinch
**pizza:** pizza
**plancha:** griddle
**plátano:** banana

**plato / platillo:** dish
**plato principal:** main course
**pollo:** chicken
**polvo de hornear / levadura (en polvo):** baking powder
**poner trocitos encima:** dot with
**v. poner en capas:** layer
**postre:** dessert
**puerros:** leeks
**puñado:** handful
**punto de ebullición:** boiling point
**punto de fusión:** melting point
**puré:** purée

# Q

**queso:** cheese
**queso "cottage", requesón:** cottage cheese
**queso de soya:** tofu
**quitar:** remove
**quitar / desechar:** get rid of

# R

**rábano:** radish
**rallado:** grated
**rebozar / cubrir:** coat
**receta:** recipe
**recetario:** recipe book
**recipiente:** bowl
**recipiente o tazón:** mixing bowl
**reducir:** reduce
**refresco, gaseosa (bebida no alcohólica),:** soft drink
**refrigerador:** refrigerator
**rellenar:** stuff
**relleno:** filling, stuffing
**remojar:** soak
**riñon:** kidney
**n. rollo v. enrollar:** roll
**romero:** rosemary
**rosbif:** roast beef

# S

**sabor:** taste
**sal:** salt
**salado:** salted
**salchicha:** sausage
**salmón:** salmon
**salpimentar:** season with salt and pepper
**salsa:** sauce
**salsa (hecha con el jugo de la carne):** gravy
**salsa bechamel:** bechamel sauce
**salsa de soya:** soy sauce
**salsa para acompañar los diferentes bocaditos que se sirven con el aperitivo, en una fiesta etc., "dip":** dip
**salsa tártara:** tartar sauce
**salsera:** gravy boat
**saltear:** sauté
**salvia:** sage
**sándwich, emparedado:** sandwich
**sandwichera:** sandwich toaster
**sardinas:** sardines
**sartén:** frying pan
**sartén / molde:** pan
**sazonar:** season with salt
**secar:** dry
**sellar:** seal
**semilla de amapola:** poppyseed
**semillas:** seeds
**solomillo de res:** sirloin steak, tenderloin steak
**suero (de la leche):** buttermilk
**sumergir, remojar:** dip

# T

**tabla de cortar el pan:** breadboard
**tallarines, fideos:** noodles
**tallo:** stalk
**tamal (masa rellena de carnes o a veces de dulce envuelto en hoja de plátano o maíz):** tamale

**tapadera:** lid
**tarta de queso:** cheesecake
**tarta, pastel:** cake
**taza para medir:** measuring cup
**n. tenedor, v. perforar con un tenedor:** fork
**tentempié, refrigerio:** snack
**ternera (carne de animal muy joven y de carne pálida):** veal
**tierno:** tender
**tiritas:** strips
**tocino:** bacon
**tomates:** tomatoes
**tomillo:** thyme
**toronja, pomelo:** grapefruit
**tostado:** toasted
**transferir:** transfer
**transparente:** transparent
**trucha:** trout

# U

**untar / embarrar:** smear
**v. untar con mantequilla:** butter
**uva:** grape

# V

**vaciar:** empty
**vapor:** steamer
**venado (carne de):** venison
**verter:** pour
**vinagre:** vinegar
**volver:** return

# Y

**yema de huevo:** egg yolk
**yemas:** yolks

# Z

**zanahoria:** carrot
**zumo de manzana:** cider

# Metric Conversion Guide

## VOLUME

| U.S. Units | Metric |
|---|---|
| 1/4 teaspoon | 1 ml |
| 1/2 teaspoon | 2 ml |
| 1 teaspoon | 5 ml |
| 1 tablespoon | 15 ml |
| 1/4 cup | 50 ml |
| 1/3 cup | 75 ml |
| 1/2 cup | 125 ml |
| 2/3 cup | 150 ml |
| 3/4 cup | 175 ml |
| 1 cup | 250 ml |
| 1 quart | 1 liter |
| 1 1/2 quarts | 1.5 liters |
| 2 quarts | 2 liters |
| 2 1/2 quarts | 2.5 liters |
| 3 quarts | 3 liters |
| 4 quarts | 4 liters |

## WEIGHT

| U.S. Units | Metric |
|---|---|
| 1 ounce | 30 grams |
| 2 ounces | 55 grams |
| 3 ounces | 85 grams |
| 4 ounces (1/4 pound) | 115 grams |
| 8 ounces (1/2 pound) | 225 grams |
| 16 ounces (1 pound) | 455 grams |
| 1 pound | 455 grams |

## MEASUREMENTS

| Inches | Centimeters |
|---|---|
| 1 | 2.5 |
| 2 | 5.0 |
| 3 | 7.5 |
| 4 | 10.0 |
| 5 | 12.5 |
| 6 | 15.0 |
| 7 | 17.5 |
| 8 | 20.5 |
| 9 | 23.0 |
| 10 | 25.5 |
| 11 | 28.0 |
| 12 | 30.5 |
| 13 | 33.0 |

## TEMPERATURES

| Fahrenheit | Celsius |
|---|---|
| 32° | 0° |
| 212° | 100° |
| 250° | 120° |
| 275° | 140° |
| 300° | 150° |
| 325° | 160° |
| 350° | 180° |
| 375° | 190° |
| 400° | 200° |
| 425° | 220° |
| 450° | 230° |
| 475° | 240° |
| 500° | 260° |

**Note:** *The recipes in this cookbook have not been developed or tested using metric measures. When converting recipes to metric, some variations in quality may be noted.*

# Guía para Conversiones Métricas

## VOLUMEN

| Unidades Americanas | Sistema Métrico |
|---|---|
| $1/4$ cucharadita | 1 ml |
| $1/2$ cucharadita | 2 ml |
| 1 cucharadita | 5 ml |
| 1 cucharada | 15 ml |
| $1/4$ taza | 50 ml |
| $1/3$ taza | 75 ml |
| $1/2$ taza | 125 ml |
| $2/3$ taza | 150 ml |
| $3/4$ taza | 175 ml |
| 1 taza | 250 ml |
| 1 cuarto de galón | 1 litro |
| $1^1/2$ cuartos de galón | 1,5 litros |
| 2 cuartos de galón | 2 litros |
| $2^1/2$ cuartos de galón | 2,5 litros |
| 3 cuartos de galón | 3 litros |
| 4 cuartos de galón | 4 litros |

## MEDIDAS

| Pulgadas | Centímetros |
|---|---|
| 1 | 2,5 |
| 2 | 5,0 |
| 3 | 7,5 |
| 4 | 10,0 |
| 5 | 12,5 |
| 6 | 15,0 |
| 7 | 17,5 |
| 8 | 20,5 |
| 9 | 23,0 |
| 10 | 25,5 |
| 11 | 28,0 |
| 12 | 30,5 |
| 13 | 33,0 |

## PESO

| Unidades Americanas | Sistema Métrico |
|---|---|
| 1 onza | 30 gramos |
| 2 onzas | 55 gramos |
| 3 onzas | 85 gramos |
| 4 onzas ($1/4$ de libra) | 115 gramos |
| 8 onzas ($1/2$ libra) | 225 gramos |
| 16 onzas (1 libra) | 455 gramos |
| 1 libra | 455 gramos |

## TEMPERATURA

| Fahrenheit | Celsius |
|---|---|
| 32° | 0° |
| 212° | 100° |
| 250° | 120° |
| 275° | 140° |
| 300° | 150° |
| 325° | 160° |
| 350° | 180° |
| 375° | 190° |
| 400° | 200° |
| 425° | 220° |
| 450° | 230° |
| 475° | 240° |
| 500° | 260° |

*Nota: Las recetas en este libro de cocina no han sido desarrolladas o probadas utilizando el sistema métrico. Cuando convierta las recetas al sistema métrico, puede haber variaciones en la calidad.*

# Index

Page numbers in *italics* indicate illustrations.

¡Obtenga un 25% de descuento en su compra por Internet!

Get 25% Off Your Online Purchase!

Si le gusta este "mini" libro de cocina, le encantará la edición completa de **Cocina Betty Crocker** con su colección de 304 páginas y 125 recetas comprobadas, favoritas de los estadounidenses, más 46 fotografías a color de las recetas ya preparadas.

Aprovechar este descuento por Internet es tan fácil como ¡contar del 1 al 3!

1. Visite **www.wiley.com/bookstore**
2. Agregue **Cocina Betty Crocker** a su carrito de compras.
3. Antes de terminar la compra, ingrese el código **COCIN** en la casilla del código de la promoción.

Reciba 25% de descuento del precio de venta al por menor de $19.95

If you like this "mini" book, you will love the complete 304-page edition of **Cocina Betty Crocker** with its collection of 125 tried-and-true American favorites—plus 46 color photos of finished recipes.

Taking advantage of this online discount is as easy as 1-2-3!

1. Go to **www.wiley.com/bookstore**
2. Add **Cocina Betty Crocker** to your shopping cart.
3. When you are ready to check out, enter the code **COCIN** in the promotion code box.

Receive 25% off of the retail price of $19.95